EUROPAVERLAG

Wolfgang-Andreas Schultz

EUROPAS
ZWEITE RENAISSANCE

Mensch, Natur und Kunst
im Anthropozän

EUROPAVERLAG

© 2022 Europa Verlag in der Europa Verlage GmbH, München
Umschlaggestaltung und Motiv:
Hauptmann & Kompanie Werbeagentur, Zürich
Redaktion: Franz Leipold
Layout & Satz: Robert Gigler
Gesetzt aus der Minion Pro
Druck und Bindung: Pustet, Regensburg
ISBN 978-3-95890-412-5
Alle Rechte vorbehalten.
www.europa-verlag.com

INHALT

VORWORT 9

EUROPAS ZWEITE RENAISSANCE 13

    Vor den Göttern 15
    Die Welt der vielen Götter 21
    Der eine Gott 27
    Die All-Einheit-Lehre 31
    Die Gesichter des Christentums 35
    Das Mittelalter 43
    Die Gesichter der Renaissance 51
    Der Kosmotheismus des 18. Jahrhunderts 66
    Individualität und innere Welt 69
    Theorien der Bewusstseinsevolution 74
    Gesichter einer zweiten Renaissance 80

MENSCH, NATUR UND KUNST IM
ANTHROPOZÄN 95

    Kunst der Moderne – weg von der Natur? 98
    Luziferische Baumeister 102

Rebellen 107
Die Faszination des Bösen 113
Märchen 118
Das kulturelle Unbewusste 121
Noch einmal: Moderne – gegen die Natur? 135
Der Mythos der Befreiung 142
Der Mythos vom Ursprung 149
Ästhetische Transformation 154
Verweigerte Verwandlung 159
Von realer Gegenwart 166
Abendländisches Lied 174

NACHWORT 180

PERSONENREGISTER 181

Wo das Negative hegemonial wird,
da ist die Zuversicht plötzlich subversiv.

Bernd Ulrich
(aus: *Guten Morgen, Abendland)*

VORWORT

Europas zweite Renaissance wird keine Renaissance der ersten sein, sondern eher deren Korrektur. Es könnte nämlich sein, dass die Wurzeln vieler Probleme der Gegenwart in die Renaissance zurückreichen, von Problemen, die sich in der ökologischen Krise und der Krise der modernen Kunst manifestieren.

Zwei große Themenbereiche werden die Diskussion im 21. Jahrhundert bestimmen: erstens die Frage nach dem Verhältnis von Mensch und Natur und zweitens die Frage nach der Beziehung des Ichs zu den Anderen. Das 21. Jahrhundert muss neue Antworten geben, und die werden nicht ohne Einfluss auf die Künste bleiben.

Viele Menschen haben den Eindruck (auch wenn es nicht alle auszusprechen wagen), dass die große Zeit der europäischen Kunst, besonders was die bildende Kunst und die Musik betrifft, hinter uns liegt. Gewiss – die zeitgenössische Kunst ab der zweiten Hälfte des 20. Jahrhunderts bietet viel Neues und Interessantes, das man nicht gering schätzen sollte, aber reicht es aus, neu und interessant zu sein, zumal das Neue und Interessante der Abnutzung unterliegt? Welche Dimensionen fehlen, sind verloren gegangen? Soll man mit dem Ende der großen europäischen Kultur seinen Frieden machen und all den Stimmen glauben, die behaupten: »Man kann heute nicht mehr …«? Wo könnten die Gründe dafür liegen?

Für mögliche Antworten muss man weit ausholen, tief in die Geschichte zurückgehen, zu Fragen nach Gottesbildern, nach dem Verhältnis von Gott und Natur – und von Mensch und Natur.

Zeitgenössische Kunst hat vielfach ein gebrochenes Verhältnis zur eigenen Tradition und breitet sich als »Moderne« oder »Avantgarde« über weite Gebiete der Welt aus. Die Studie versucht, die spezifisch europäischen Wurzeln der Moderne und der modernen Kunst herauszuarbeiten mit doppeltem Ziel: für Europa die Tür zu öffnen, in kritischer Selbstkorrektur wieder an seine großen Traditionen anschließen zu können und zugleich andere Kulturen zu ermutigen, sich von der europäisch-westlichen Dominanz zu befreien und eigene Wege zu gehen.

Wenn Europa sich an seine verdrängten und vergessenen Traditionen erinnert und dieses Erbe annimmt, könnte es sein, dass der Gegensatz vom europäischen Denken und dem anderer Kulturen zwar nicht verschwindet, so doch sich spürbar mildert. Das »Fremde« als vergessenes Eigenes zu entdecken kann Brücken bauen.

Der Text schließt in mancher Hinsicht an mein Buch *Die Heilung des verlorenen Ichs – Kunst und Musik in Europa im 21. Jahrhundert* an, besonders im Hinblick auf die Frage, wie sich das Ich konstituieren kann. Dabei sei betont, dass ein Plädoyer für eine »Individualität in Verbundenheit« und gegen eine »Individualität in Abgrenzung« kein Plädoyer für Kollektivismus oder Anpassung ist. Es gibt sogar Rebellion im Namen der Verbundenheit – man könnte das Buch so lesen.

Auch richtet sich ein Plädoyer für einen anderen Zugang zur Natur keineswegs gegen die Wissenschaft, auf die wir nicht verzichten können und dürfen und die sich ja auch ständig weiterentwickelt.

Wo es um Kunst geht, steht öfter die Musik im Mittelpunkt, nicht nur, weil ich dort als Komponist tiefere Einblicke habe als in andere Künste, sondern auch, weil sich am Beispiel der Musik besser das Verhältnis zur Natur an künstlerischen Verfahrensweisen darstellen lässt, anstatt nur auf die Thematik zu schauen. Blicke auf andere Künste versuchen zu skizzieren, wie dort vergleichbare Überlegungen aussehen könnten.

Die europäische Kultur hat auf dem Weg in die Moderne viel ausgegrenzt. Eine Kultur nach der Moderne sollte nicht den Fehler machen, ihrerseits die Erfahrungen der Moderne auszugrenzen. Es geht darum, über die Moderne hinaus zu denken, deshalb versucht das Buch eine Kritik der Moderne, nicht konservativ von der Vergangenheit her, sondern von einer denkbaren und wünschenswerten Zukunft aus. Es legt eine Erzählung vor, die Baustein einer neuen europäischen Identität werden könnte, nicht in Abgrenzung von anderen Kulturen, sondern eine Identität in Beziehungen zur eigenen Vergangenheit und zu all den Kulturen, die Europa beeinflusst und mitgestaltet haben.

Fast kommt es mir vermessen vor, ein solch großes Thema wie das der Möglichkeit einer zweiten Renaissance – und damit das Thema der Beziehung von Gott, Mensch und Kunst zur Natur – in einem gedrängten Essay zu behandeln. Ich bin aber dankbar, dass mein Verleger Christian Strasser mich nach der Lektüre meines Buches *Die Heilung des verlorenen Ichs*, in dem die Idee einer »zweiten Renaissance« kurz anklingt, ermutigt hat, dieses Thema weiter auszuführen. So hoffe ich, dieses Buch möge zum Weiterdenken anregen und zum Anlass für fruchtbare Diskussionen über Europas Selbstverständnis werden.

Wolfgang-Andreas Schultz, im November 2021

EUROPAS ZWEITE RENAISSANCE

»Welches lange Mittelalter verlassen wir gerade? Die Moderne.« So beginnt Régis Debray seinen Essay »Das Grüne Zeitalter«[1], in dem er der Frage nachgeht, ob unsere Annahme der Unabhängigkeit von der Natur nicht vielleicht genauso illusionär ist wie vieles, was wir als mittelalterlichen Aberglauben belächeln.

Schon einige Jahrzehnte vorher konnte man bei Norbert Elias lesen: »Die Selbsterfahrung der eigenen Vereinzelung, der unsichtbaren Mauer, die das eigene ›Innen‹ von allen Menschen und Dingen ›draußen‹ absperrt, gewinnt im Laufe der Neuzeit für eine große Anzahl von Menschen die gleiche unmittelbare Überzeugungskraft, die im Mittelalter die Bewegung der Sonne um die Erde als Mittelpunkt der Welt besaß.«[2] Der auch hier verwendete Vergleich der Moderne mit dem Mittelalter könnte die Idee einer zweiten Renais-

---
1 Régis Debray: Das grüne Zeitalter, in: Lettre International, Frühjahr 2020, Berlin 2020, S. 7
2 Norbert Elias: Der Prozess der Zivilisation, Frankfurt 1976, Band 1, S. LXV–LXVI

sance suggerieren, die uns aus dem Moderne-Mittelalter herausführen möge.

In der Tat ist die Idee einer »zweiten Renaissance« nicht ganz neu. Francisco Varela und Evan Thompson schrieben schon 1991: »Wir sind überzeugt, dass die Wiederentdeckung der asiatischen Philosophie, besonders der buddhistischen Tradition, für die westliche Kulturgeschichte einer ›zweiten Renaissance‹ entspricht und ein ebenso großes kreatives Potenzial birgt wie einst die Renaissance des griechischen Denkens für Europa.«[3] Zwar sollte man den Wert und die Bedeutung, die der Einfluss der fernöstlichen Kulturen besitzt, nicht unterschätzen, dennoch liegt der Vergleich schief, denn die »erste Renaissance« brachte neu zu Bewusstsein, was schon Teil der abendländischen Kultur gewesen, im Mittelalter aber weitgehend in Vergessenheit geraten war. Von einer Renaissance sollte deshalb nur gesprochen werden, wenn es darum geht, Vergessenes, in der eigenen Kultur Schlummerndes wieder zu erinnern, Verdrängtes neu ins Bewusstsein zu heben.

Jede Erfolgsgeschichte ist fast immer auch eine Verlustgeschichte. Die »erste Renaissance« wird zu Recht als Ursprung des modernen Europas verstanden, aber welchen Preis hatte dieser Erfolg? Die Trennung des Menschen von der Natur und vom Anderen zeigt inzwischen deutlich ihre dunklen Seiten – in der Zerstörung der Natur und in der von Elias angesprochenen Vereinzelung. Es lohnt sich, nach den entscheidenden Wendepunkten für diese Entwicklung zu fragen.

---

3   Francisco J. Varela und Evan Thompson: Der Mittlere Weg der Erkenntnis, Bern – München – Wien 1992, S. 42

Da Geschichte ja immer von den Siegern geschrieben wird, sollte man genauer hinschauen, was alles auch zur europäischen Kultur gehört, was aber vergessen und verdrängt wurde oder sich gar nicht entfalten konnte und was deshalb im Selbstbild Europas fehlt. Dass abgespaltene und unterdrückte Bereiche eines Menschen zu Problemen führen, ist bekannt – sollte das auch für eine gesamte Kultur gelten?

Auf der Suche nach den Wendepunkten müssen wir weit zurückgehen. In der »ersten Renaissance« werden die Bruchstellen gut sichtbar, aber wesentliche Ursachen liegen viel früher. Außerdem sollte der entscheidende Punkt, nämlich das Verhältnis des Menschen zur Natur, nicht isoliert betrachtet werden, sondern bedarf des Kontextes im Hinblick auf Religion und Gottesvorstellungen, auf Prozesse der Individualisierung, der Trennung der inneren Welt von der äußeren und gelegentlich auch auf Ethik, Recht und Opferrituale. Dabei sollten wir nicht den Fehler machen, Phänomene, die wissenschaftlich (nach Maßgabe des westlichen Denkens) nicht oder noch nicht erklärbar sind, zu leugnen und für nicht existent zu erklären. Das wäre nicht nur überheblich gegenüber anderen Kulturen, die solche Phänomene kennen, sondern auch gegenüber unserer eigenen Vergangenheit.

Vor den Göttern

In der Verbundenheit mit der Natur zu leben ist das eine, sich dessen bewusst zu sein das andere, weil dies die Erfahrung des Getrenntseins voraussetzt. Da liegen die Schwierigkeiten, sich einer Lebensweise zu nähern, sich in sie einzufühlen, in der sich das Bewusstsein überhaupt erst entfalten musste, die eine Unterscheidung von »Innen« und »Außen« noch kaum kannte. Jean Gebser nannte diese Lebensform die »archaische Bewusstseinsebene«.[4]

Über die später auftretende Lebensform, die sich der Magie bedient, lassen sich anhand von Statuetten, Höhlenzeichnungen und anderen Funden schon genauere Vorstellungen bilden, auch wenn uns das »magische Denken« sehr fremd ist. Nun gibt es allerdings Menschen, die noch heute im magischen Denken leben, und so lassen sich dank guter ethnologischer Forschung folgende Charakteristika nennen:

Es gibt zwar noch keine Götter, wohl aber Geister, die oft in Bäumen wohnen, der Natur zugeordnet werden, ja deren Lebendigkeit »verkörpern«. Die Natur wird als lebendig und beseelt vorgestellt und erfahren – dafür hat sich der Begriff »Animismus« eingebürgert. Die Geister werden weniger verehrt, als dass sie respektiert werden müssen. Insgesamt herrscht anderen Lebewesen gegenüber ein Verhältnis von Geben und Nehmen, was Opfergaben und entsprechende Rituale einschließt. Dank der Verbundenheit von allem mit allem kann auch auf nicht materielle Weise Einfluss ausgeübt werden. Die Einflussnahme bedient sich oft eines Teils, aber auch eines Bildes oder Symbols des zu beeinflussenden Menschen oder Tieres. Auf diesem Weg kann durch Magie geheilt, aber auch Schaden angerichtet werden. Die Ethnologin Godula Kosack nennt Menschen mit solchen Fähigkeiten »Kraftbegabte«: »Damit meine ich Frauen und Män-

---

4   Jean Gebser: Ursprung und Gegenwart, München 1973, 1. Teil, S. 83

ner, die in der Lage sind, ihre mentale Kraft im Sinne mentaler Fremdeinwirkung zum Wohl oder Wehe anderer einzusetzen.« Das kann so weit gehen, Tiere oder sogar Menschen (vor allem Kinder) durch den »Verzehr von Lebenskraft«[5] zu töten.

Für Angehörige einer westlichen Kultur sind das unerklärliche Vorgänge. Inzwischen gibt es jedoch zahlreiche wissenschaftlich dokumentierte Berichte über schamanische Heilungen, Schadenszauber und außerkörperliche Erfahrungen, sodass man nicht umhin kann zuzugeben: Vieles spricht für die Wirksamkeit von Magie.[6]

Einen Teil für das Ganze zu nehmen, das »Pars pro Toto«, macht sich die »schwarze Magie«, der »Schadenszauber« zunutze: »[...] der Zauberer muss im Besitz von etwas sein, das mit dem Körper des Opfers in Berührung war (Fingernägel, Haare, Schweiß, Urin, Kot).«[7] Die westliche Erklärung als Placeboeffekt, Suggestion oder Projektion ist unzureichend, denn »der Schadenszauber an Tieren und Feldfrüchten, der immer wieder bezeugt wurde, kann nicht mit psychologischen Argumenten weg erklärt werden«.[8] Auch Menschen werden Opfer, ohne dass sie etwas von dem Angriff wissen und ohne gewarnt worden zu sein.

---

5   Godula Kosack: Magie – Die Kraft zum Schaden und zum Guten, Bad Schussenried 2012, S. 60
6   Sehr interessant dazu: Voodoo in Benin – der Ethnologe Henning Christoph spricht mit Thomas Knoefel, in: Lettre International 114, Herbst 2016, S. 115
7   Kosack, S. 156/157
8   Kosack, S. 317

Die große Frage, die uns die Magie stellt, lautet: Haben wir es mit einem grundsätzlich anderen Weltbild und Weltverständnis zu tun als im Westen? Interessant ist eine Antwort aus dem Westen selbst, die des Renaissance-Philosophen Marsilio Ficino: »Gerade wie das Zupfen einer Lyra-Saite eine zweite Saite in Schwingung bringt, sind auch die anderen Dinge des Universums in einem harmonischen Rhythmus miteinander verbunden. Das befähigt den Magier, der die richtigen Handlungen kennt, die Kräfte der himmlischen Körper einzusetzen.«[9] Ficino geht von einer universalen Verbundenheit und einem durch sie wirkenden Resonanzprinzip aus.

Doch auch über Bilder kann die Verbindung etwa zu einem zu jagenden Tier hergestellt werden – darin vermutet man den Sinn vieler Höhlenzeichnungen.[10] Im Hinblick auf die nicht materielle Verbindung von Bild und Dargestelltem spricht man heute vom »analogisierenden«[11] oder »bildhaft-symbolischen« Denken.

Belegt sind auch außerkörperliche Erfahrungen, wenn beispielsweise ein Schamane in Trance mit der Seele in eine jenseitige Welt reist, oft in die Welt der Toten. Doch auch

---

9   Zitiert nach Kosack, S. 165
10 Für Skeptiker empfehle ich folgendes Experiment: Man legt vor Ihnen auf den Boden ein stark vergrößertes Foto eines von Ihnen geliebten oder sehr verehrten Menschen und fordert Sie auf, darauf herumzutrampeln. Ist doch bloß ein bedrucktes Papier … Würden Sie das tun? Wenn ja, was würde das mit Ihnen im Verhältnis zu diesem Menschen machen?
11 »Analogisierendes Denken im Gegensatz zum kausal-logisch linearen Denken, während das Gegensatzpaar »analog – digital« Ebenen der Darstellung von Denken bezeichnet.

Kraftbegabte »verlassen nachts [...] als Feuer ihren Körper [...]. Die bösen Kraftbegabten sind nachts unterwegs, um Menschen zu verzehren. Sie lassen ihren Körper leblos auf dem Bett zurück und fahren in Gestalt eines Feuers hinaus [...].«[12]

Die Fähigkeit zum Schadenszauber ist die dunkle Seite des magischen Bewusstseins. Die von Godula Kosack in Afrika erforschten Mafa leben in ständiger Angst, denn »mentale Fremdeinwirkung« ist die übelste Form eines Angriffs, weil er anonym erfolgt – nur durch Befragung eines Orakels kann der Täter gefunden werden, und wehren kann man sich nur durch Gegenzauber.

Was können die Motive für einen Schadenszauber sein? Kosack nennt Erbstreitigkeiten (oft um Landbesitz – sonst gibt es dort noch wenig Privateigentum), Neid auf Reichtum und Erfolg, Kränkungen und Rivalitäten. »Deshalb sind alle Leute allen gegenüber argwöhnisch.«[13] Das deutet darauf hin, dass die Gemeinschaft nicht die überragende Bedeutung hat, wie oft vermutet wird. Andererseits sollte man in Betracht ziehen, dass ein reich Gewordener nur deshalb ermordet wird, um die Balance, die Egalität und Harmonie der Gemeinschaft wiederherzustellen.

Von Individualität im Sinne westlicher Gesellschaften kann bei den Mafa nicht gesprochen werden, weil der Einzelne noch ganz an die Gruppe bzw. an den Stamm gebunden ist (»Gruppen-Ich« bzw. »Stammesbewusstsein«). So etwas wie eine Ethik gibt es dort nicht – Gebser schreibt,

---

12 Kosack, S. 81/82
13 Kosack, S. 297

»dass die magische Welt eine Welt ohne Werte ist«[14] – und es gibt auch nicht das Bewusstsein einer persönlichen Verantwortung, obwohl persönliche Interessen offenbar durchaus schon eine Rolle spielen.

Nun leben unter den Mafas auch Christen. Auf die Frage, »ob es wirklich möglich wäre, dass eine Person eine andere verzehren könne«, hatte eine junge Christin geantwortet: »Aber natürlich, nur die Christen tun das nicht mehr.«[15] Ein anderes Mal erhielt die Frage: »Bist du als Katholikin mehr oder weniger geschützt vor Krankheit oder Unglück als eine Heidin?«, die Antwort: »Als Heidin wäre ich besser dran, denn dann könnte ich durch das Orakel herausfinden, wer das Kind verzehrt, und ich könnte die anderen durch Zeremonien schützen lassen.«[16]

Natürlich lassen sich die Verhältnisse in Afrika heute nicht eins zu eins auf Europas vorgermanische Zeit übertragen, dennoch sind sie eine Warnung vor romantischer Verklärung der magischen Epoche und eines Lebens in Einklang mit der Natur, bevor sich Rationalität und eine universalistische Ethik entfaltet haben – eine Ethik, die alle Menschen gleichermaßen einschließt, nicht nur die Mitglieder des eigenen Volkes oder Stammes.

---

14 Jean Gebser, 1. Teil, S. 95
15 Kosack, S. 125
16 Kosack, S. 80

Die Welt der vielen Götter

Können Gottesbilder wahr oder falsch sein? Oder geht es nicht vielmehr darum, wie vollständig oder wie einseitig ein Gottesbild ist? Die Aspekte, die in einem Gottesbild bzw. in den Gottesbildern hervorgehoben werden, und diejenigen, die zurücktreten, sagen mehr aus über die Menschen als über Gott, vor allem auch über das Verhältnis der Menschen zur Natur.

Wie werden aus Geistern, die im Wasser, in Bäumen und anderen Pflanzen leben, nun Götter? »Für frühe Stufen der mythischen Weltauffassung besteht noch nirgends ein scharfer Schnitt, der den Menschen von der Gesamtheit des Lebendigen, von der Tier- und Pflanzenwelt abscheidet«,[17] heißt es bei Ernst Cassirer. Der Schritt zu den Göttern bezeichnet ein erstes Heraustreten aus der unmittelbaren Einheit mit der Natur, eine gewisse Abstraktion, weil die Götter in der Regel für Kräfte stehen, die in der Natur und im Menschen wirksam sind, und weniger für konkrete Erscheinungen wie bestimmte Bäume, Berge oder Seen. Mit den Göttern entstehen nun auch Mythen, Erzählungen über ihre Eigenarten und ihre Geschichten. Damit beginnt eine innere Welt, die der Sprache und der Erzählung bedarf, sich von der sichtbaren Außenwelt zu trennen. Doch sind die Grenzen zwischen »innen« und »außen«, zwischen Ich und der äußeren Wirklichkeit zunächst noch durchlässig und verändern sich im Laufe der Entwicklung der Götterbilder.

---

17 Ernst Cassirer: Philosophie der symbolischen Formen, Darmstadt 1997, 2. Teil: Das mythische Denken, S. 213

»In der ägyptischen Kunst finden wir noch durchweg die Doppel- und Mischformen, die den Gott schon in menschlicher Bildung, aber mit einem Tierkopf, mit dem Haupt einer Schlange, eines Frosches oder Sperbers zeigen, während auf anderen der Leib tierisch gebildet ist, das Antlitz aber menschliche Züge trägt.«[18] Es gibt viele Erzählungen über die Verwandlung der Götter in Tiere, wie auch von Menschen in Pflanzen, in Tiere und umgekehrt.[19] »[...] selbst dort, wo die Götter bereits in klarer menschlicher Bildung vor uns stehen, pflegt sich ihre Verwandtschaft mit der tierischen Natur in ihrer fast unbegrenzten Verwandlungsfähigkeit auszusprechen.«[20]

Allgemein lässt sich sagen: Je mehr sich in den Götterbildern Tiere und Menschen mischen, desto näher waren sich noch Menschen und Tiere; und rein menschlich dargestellte Götter verweisen auf eine stärkere Trennung von Mensch und Natur. Im Zusammenhang mit der Abstraktion der Gottesvorstellungen von der konkreten Naturerscheinung ändert sich auch der Ort der Kulte: Nicht mehr in der Natur, in heiligen Hainen wird der Kult gefeiert, sondern es werden Tempel gebaut mit Statuen und Bildern, in denen die Götter verehrt werden.

Ein weiterer wichtiger Schritt innerhalb der mythischen Welt wird getan, »wenn die Seele, statt als bloßer Träger oder als Ursache der Lebenserscheinungen gedacht zu werden, vielmehr als Subjekt des sittlichen Bewusstseins gefasst

---

18 Cassirer, S. 234
19 Dazu: Cassirer, S. 224
20 Cassirer, S. 233

wird«.[21] In Ägypten entstand die Idee des Weiterlebens nach dem Tod, zuerst noch ganz so, dass die jenseitige Welt nach dem Vorbild der diesseitigen vorgestellt wurde, was man an der Wahl der Grabbeigaben erkennen kann: praktische Gegenstände und Tierplastiken »zum Zweck einer Jagdmagie, der Vorstellung folgend, dass der Besitz eines Bildes Macht über das Dargestellte«[22] verleiht.

Später entstand die Vorstellung eines Totengerichts, das der Gott Osiris abhält: »Erst nachdem sein (des Menschen) Herz auf der Waage, die vor dem Gotte steht, gewogen und als schuldlos befunden ist, geht er ins Reich der Seeligen ein. Nicht seine Macht und Vornehmheit auf Erden, nicht seine magische Kunst, sondern seine Gerechtigkeit und seine Schuldlosigkeit entscheiden jetzt darüber, ob er im Tode obsiegt.«[23]

Zusammen mit dem Abstraktionsprozess in der Entstehung von Göttern und Mythen löst sich der Mensch bereits aus der Bindung an den Stamm und die Gemeinschaft ein wenig heraus, indem so etwas wie persönliche Verantwortung eine Rolle zu spielen beginnt. Für Ägypten war die Göttin »Ma'at« als Göttin der Gerechtigkeit eine zentrale Gestalt. Der Mensch lebt »nicht mehr ausschließlich im Außen seiner sozialen Einbindung […]. Vielmehr entsteht jetzt ein neues Bild vom Menschen, in dem sich ›Außen‹ und ›Innen‹ die Waage halten.«[24] Gleichwohl erfuhren die Menschen sich

---

21 Cassirer, S. 198
22 Piotr O. Scholz: Altes Ägypten, Köln 1996, S. 144
23 Cassirer, S. 199
24 Jan Assmann: Ma'at – Gerechtigkeit und Unsterblichkeit im Alten Ägypten, München 2006, S. 119

noch im Bewusstsein einer »allumfassenden Verflechtung, die alle Erscheinungsformen des diesseitigen Lebens bedingten und erfassten«.[25] Allerdings lebten in der Volksreligion auch die Geister und die Magie noch weiter.

Die Götterwelt der Griechen erlaubt uns Einblicke in Veränderungen und Entwicklungen innerhalb der polytheistischen mythischen Welt. Auch die Griechen feierten ihre Kulte in der frühen Zeit »noch in heiligen Hainen ohne Tempel und Götterbilder«.[26] Aber auch da gab es eine dunkle Seite: die Menschenopfer. Die Geschichte der Iphigenie, die geopfert werden sollte, damit die Flotte der Griechen nach Troja auslaufen konnte, aber von der Göttin Artemis durch eine Hirschkuh ersetzt und auf die Insel Tauris versetzt wurde (wo aber auch noch alle Fremden der Artemis geopfert werden mussten), zeigt den Übergang vom Menschen- zum Tieropfer.

Bereits bei Homer werden Tempel »als Häuser der Götter«[27] erwähnt. Und mit den Tempeln entstanden Götterbilder, Kunstwerke von großer ästhetischer Vollkommenheit, rein menschlich dargestellte Götter. »Die griechische Plastik [...] vollzieht hier den scharfen Schnitt: sie dringt in der Formung der reinen Menschengestalt zu einer neuen Form des Göttlichen selbst und seines Verhältnisses zum Menschlichen durch.«[28] Cassirer spricht von einem »Pro-

---

25 Scholz, S. 54
26 Helmuth von Glasenapp: Die nichtchristlichen Religionen, Frankfurt a. M. 1957, S. 138
27 Von Glasenapp, S. 138
28 Cassirer, S. 234

zess der Vermenschlichung und Individualisierung«.[29] Wie kam es dazu?

Hesiod erzählt in seiner *Theogonie* die Geschichten der alten Götter, von denen »die meisten kaum personifizierte Naturphänomene gewesen zu sein scheinen«,[30] von den Titanen, von denen allerdings nur »ein paar deutlicher personifiziert wurden«, von der Abfolge der jeweils herrschenden Gottheiten von Uranos bis Zeus und von den Kämpfen der olympischen Götter gegen die Titanen.[31] »Nach einem zehnjährigen Krieg wurden die Titanen in den Tartaros geworfen ...«[32] Auch wenn Zwittergestalten aus Tier und Mensch (Pan, die Satyrn, die Kentauren) auf die unterste Ebene der Götter-Hierarchie verbannt waren, so behielten doch auch die siegreichen olympischen Götter weiterhin einen Bezug zu Naturphänomenen: Apollo ist noch Sonnengott und steht zugleich für die abstraktere Idee von Verstand, geistiger Klarheit und Wissen; Diana/Artemis ist Göttin der Jagd, Archetypus der selbstständigen Frau und zugleich auch Mutter der Natur (so wird sie uns im Mittelalter und in der Renaissance wieder begegnen); bei Aphrodite »kehrt sich die geistig individuellere Seite des Liebreizes, der Anmut, der Liebe heraus, der es jedoch an einer Naturgrundlage keineswegs fehlt«,[33] so Georg Wilhelm

---

29 Cassirer, S. 234
30 Edward Tripp: Lexikon der antiken Mythologie, Stuttgart 1974, S. 475
31 Tripp, S. 247
32 Tripp, S. 524
33 Georg Wilhelm Friedrich Hegel, Ästhetik, hrsg. von Friedrich Bassenge, Frankfurt a. M. o.J., Band 1, S. 457

Friedrich Hegel. Schließlich ist auch Zeus als Blitze schleudernder Gott, obwohl oberster der Olympier, noch mit dem Naturphänomen Gewitter verbunden.

Parallel dazu vollzieht sich der Übergang zu Sittlichkeit und Recht, ähnlich wie in Ägypten. Das »Sittliche, Rechtliche hat Prometheus den Menschen nicht gegeben, sondern nur die List gelehrt, die Naturdinge zu besiegen und zum Mittel menschlicher Befriedigung zu gebrauchen«.[34] Er gehört zu den Titanen, und deshalb hat Zeus ihn »vom Olympos herabgeschleudert«.[35] Wie sich die Konflikte des Übergangs von Rache zu Recht darstellen, zwischen den Forderungen der alten Götter und den Regeln der Gesetze, all das wird in den Tragödien behandelt, besonders in der *Orestie* des Aischylos. In deren letztem Teil verkündet Athene »die Stiftung eines Gerichtshofs, der für alle Zeiten das Recht bei Bluttaten verwalten soll in Ablösung der alten Gerichtsbarkeit der Blutrache«.[36]

Waren die Helden Homers schon auf dem Weg zur Individualität, zu einem stabilen Ich und zu einer kohärenten Persönlichkeit (Homers *Odyssee* erzählt davon[37]), so entsteht, »indem die Tragödie, im Gegensatz zum Epos, das Zentrum des Geschehens von außen nach innen verlegt, […] eine neue Form ethischen Selbstbewusstseins, durch die

---

34 Hegel, S. 446
35 Hegel, S. 446
36 Kurt Steinmann: Der Antikenkosmos – Kurt Steinmann im Gespräch mit Frank M. Raddatz, in: Lettre International 131, Berlin, Winter 2020, S. 88
37 Dazu: Theodor W. Adorno und Max Horkheimer: Dialektik der Aufklärung, Frankfurt a.M. 1969, ab S. 50

nunmehr auch das Wesen und die Gestalt der Götter verwandelt wird«.[38] Jetzt erst, mit der Entstehung individualisierter Gottheiten, »empfängt auch der Einzelne gegenüber dem Leben der Gattung sein selbstständiges Gepräge und gleichsam sein persönliches Gesicht«.[39]

Eng miteinander verbunden sind also drei Prozesse: das Hervortreten menschlicher und individualisierter Götter, die Entstehung von Ethik, Sittlichkeit und Recht und eine Individualisierung der Menschen. Ein Heraustreten aus der gleichsam unbewussten Naturverbundenheit ist dafür Voraussetzung, ja eine gewisse Entsakralisierung – auch wenn ältere naturreligiöse Kulte noch lange neben den olympischen Göttern gepflegt wurden.

Die Balance zwischen der Individualität der Götter, ihren sehr menschlichen Verhaltensweisen (bis hin zu den amourösen Abenteuern des Zeus und anderer Olympier) einerseits und ihrer übermenschlichen Erhabenheit andererseits war prekär. Und so benutzten Philosophen wie Sokrates und Platon immer wieder die Formulierung »der Gott«, also kein bestimmter, individualisierter. So begann auch in Griechenland die Vorstellung eines einzigen Gottes, noch neben den vielen Göttern.

Der eine Gott

Viele Jahrhunderte bevor die griechischen Philosophen von Gott statt von den Göttern zu sprechen begannen, gab es in

---

38 Cassirer, S. 237
39 Cassirer, S. 238

Ägypten eine kurze Episode, in der ein radikaler Monotheismus »von oben« verordnet wurde. Amenophis IV., der sich später Echnaton nannte und wahrscheinlich ungefähr von 1370 bis 1350 v. Chr. regierte, ging so weit, diesen einen Gott »nicht einfach über alle anderen« zu stellen, sondern ihn »an ihre Stelle«[40] zu setzen. Es kam zur Zerstörung aller Heiligtümer der alten Götter, und an ihre Stelle trat der Sonnengott »Aton«, sichtbar als Sonnenscheibe, also einem Naturphänomen verbunden. Diese Religion war extrem einseitig, weil es keine Pole mehr gab, keine Spannungen und Wechselwirkungen zwischen ihnen. Der Gott, die Sonne, war nachts einfach nur abwesend, unternahm keine Nachtfahrt in die Unterwelt, um am Morgen neugeboren wieder aufzusteigen, wie der Mythos erzählte. Es ging um »die Wahrheit der sichtbaren Wirklichkeit« und um »die Unwahrheit der mythischen Bilder und Erzählungen«[41] – ein Monotheismus, der »in erster Linie rationalistisch« ist, ein Projekt von, wie man später sagen würde, Aufklärung und Entzauberung. Dass auch die Magie verworfen wurde[42], nimmt dann nicht wunder.

Unvollständige Gottesbilder sind gefährlich, weil sie dazu verleiten, das Abgespaltene, Ausgegrenzte und Verdrängte auf andere zu projizieren und womöglich in diesen zu bekämpfen; oder sie verleiten zu einer selektiven Wahrnehmung durch Ausblenden des jeweils gegensätzlichen Pols, verleiten zu einem einseitigen und damit unrealisti-

---

40 Jan Assmann, Moses der Ägypter, München–Wien 1998, S. 250
41 Assmann, Moses, S. 260
42 Assmann, Moses, S. 254

schen Weltbild. Ein dermaßen »entpolarisierter Kosmos«[43] wie in Ägypten unter dem Gott Aton ist nicht lebensfähig, und so verschwand diese Religion bald wieder, ja, diese Zeit wurde aus dem Gedächtnis der Ägypter getilgt, nichts sollte an sie erinnern.

Ob es Verbindungen gab von der Echnaton-Religion zum Monotheismus des jüdischen Volkes, ist ungewiss. Die Vermutung, Moses sei Ägypter gewesen, hat zu einer geistesgeschichtlich bedeutsamen Entwicklung geführt, ist aber historisch nicht verifizierbar. Auch der jüdische Gott Jahwe war zuerst ein Wettergott[44], hat dann aber jeden Bezug zu Naturphänomenen gekappt und erscheint Moses als der unsichtbare, überweltliche eine Gott, jenseits aller bestimmbaren Eigenschaften, der sich nennt: »Ich werde sein, der ich sein werde«,[45] oder meist nur: »Ich bin, der ich bin.«

Durch diese Unbestimmtheit kann er scheinbar der Einseitigkeit Atons entkommen, aber nur um den Preis der Trennung von der Natur, was allerdings – auf höherer Ebene – eine neue Einseitigkeit schafft: Nun gibt es den einen unsichtbaren Gott und auf der anderen Seite die sichtbare Welt, die Natur. Das ist zugleich eine Kampfansage an die damals in Israel noch verehrten Naturgötter: »Ihre Altäre sollst du umstürzen, und ihre Götzen zerbrechen, und ihre Haine

---

43 Assmann, Moses, S. 260
44 Dazu: Markus Witte in: Rolf Schieder (Hrsg.): Die Gewalt des einen Gottes, Berlin 2014, S. 86, auch Assmann in Schieder, S. 118
45 2. Buch Mose, 3, 14, JHWH (Jahwe) lässt sich präsentisch oder futurisch übersetzen, dazu: Wikipedia, Artikel JHWH, Zugriff am 15.7.2021

ausrotten.«[46] Der Konflikt spitzt sich zu, als Moses sein Volk verlässt, um auf dem Berg Sinai die Tafeln mit den Zehn Geboten zu empfangen. Das ungeduldig gewordene Volk wendet sich an seinen Bruder Aaron – da kommt es zu einem Rückfall in die Naturreligion, in der das »Goldene Kalb« verehrt wird, ein Stier-Symbol, das für Fruchtbarkeit steht. Um dieses Kultbild herum wird getanzt – der Kontrast zu der von Moses geforderten natur- und körperfernen Geistigkeit könnte größer nicht sein. Und doch finden wir hier die Verbindung wieder: eine Trennung von der Natur, dem Außen, zugleich mit der Entfaltung des Innen, denn nur im Inneren kann der unsichtbare Gott erfahren werden, und wiederum zugleich mit der Stiftung einer Ethik in Gestalt der Zehn Gebote.

Musste deshalb aber die Natur, das Außen, entwertet werden? Was ist schlecht daran, das Leben durch Gesang und Tanz um ein Fruchtbarkeitssymbol zu feiern? Einerseits lässt sich vermuten, dass die Idee des unsichtbaren einen Gottes nur durchsetzbar war, wenn – vorübergehend – die Naturgottheiten dämonisiert und vernichtet werden. Nur vorübergehend? Leider ist das für weite Bereiche der jüdisch-christlichen Tradition zum Dauerzustand geworden. Andererseits darf vermutet werden, dass es im Zusammenhang mit den Naturgöttern auch Magie und Schadenszauber gab und dass die Ethik der Zehn Gebote verhindern sollte, Menschen durch »mentale Fremdeinwirkung« zu schaden oder sie umzubringen. So ist es nicht ganz unverständlich, wenn Moses fordert: »Die Zauberinnen sollst du nicht leben

---

46 2. Buch Mose, 34, 13

lassen.«[47] Und dennoch: Die Entweihung der Natur als nicht göttlich und die Trennung des Schöpfergottes von seiner Schöpfung sind zu einer schweren Hypothek des Christentums geworden, das ja aus dem Judentum hervorgegangen ist.

Die All-Einheit-Lehre

Auch wenn nach der Echnaton-Episode die alten Götter in Ägypten wieder zu Ehren kamen, so zeigte sich doch auch eine neue Entwicklung hin zu einer All-Einheit-Lehre. Sie entfaltet einen Begriff von Gott, der als der Eine, Namenlose zugleich alles umfasst, auch die sichtbare Wirklichkeit, »Hen kai pan« (das »Eine und Alles« oder das »All-Eine«, wie man später sagen wird). Dabei ist Gott mehr als nur die sichtbare Welt, deswegen spricht man nicht vom »Pantheismus«, sondern vom »Panentheismus« oder, wie der Ägyptologe Jan Assmann vorschlägt, vom »Kosmotheismus«. Der Kosmos, die Natur sind göttlich, aber Gott ist mehr; er umfasst auch die innere Welt, das Reich der Ideen, die geistigen und spirituellen Ebenen. Die vielen Götter können als Repräsentanten einzelne Aspekte des *einen* Gottes weiter verehrt werden, treten aber in ihrer Bedeutung nach und nach zurück.

Isis war zunächst eine Göttin unter vielen, Teil des polytheistischen Kosmos, stieg aber in der Antike auf zur zentralen Gestalt der Mysterien-Religionen. Es gab zahlreiche Mysterien-Religionen, neben und in Konkurrenz zu den

---

47 2. Buch Mose, 22, 17

olympischen Göttern, weil das neue, »nach Verinnerlichung drängende religiöse Bewusstsein« in dem »staatlichen Götterkult kein Genüge«[48] mehr fand. Es entstand »das Bedürfnis nach einer unmittelbaren persönlichen Beziehung zu einem Gott, der den Einzelnen in seiner Wichtigkeit als Individuum bestätigte«.[49] Ziel der Mysterien-Religionen war die innere Entwicklung und die persönliche Reifung des Einzelnen.

Isis-Mysterien sind seit dem Ende des 2. Jahrhunderts v. Chr. im griechischen Raum nachgewiesen, ein Jahrhundert später in Italien.[50] So wurde Isis zur »Urmutter, die über alle Schöpfungskräfte und damit auch über geheimes Wissen, Zauberkräfte verfügt«, ja, sie sei die »All-Eine […], die unter mancherlei Gestalt, vielerlei Namen und verschiedenen Bräuchen auf dem ganzen Erdkreis verehrt wurde […]«.[51]

Am folgenreichsten, gerade für die europäische Renaissance, wurden die Schriften des Hermes Trismegistos. Lange Zeit wurde er für einen Weisen des alten Ägypten gehalten, für einen Zeitgenossen des Moses, tatsächlich aber handelt es sich um einen ägyptischen Autor der Spätantike. »Gott ist Einer, daher braucht er keine Namen.«[52] Das ist

---

48 Glasenapp, S. 144
49 Marion Giebel: Das Geheimnis der Mysterien, München 1993, S. 164
50 Giebel, S 164
51 Giebel, S. 168; Assmann schreibt (in: Moses, S. 77) zu Isis: »Die Göttin offenbart sich als die allumfassende Gottheit, die alle Gottheiten in sich einschließt […].«
52 Zitiert nach Assmann, Moses, S. 181

letztlich eine monotheistische Position. Assmann sieht für den Monotheismus zwei Paradigmen: das »Paradigma der Schöpfung«, bei dem Gott zwar die Welt erschaffen hat, aber als über- oder außerweltlicher Gott nicht in ihr präsent ist. Das andere ist das »Paradigma der Manifestation«: Gott ist gegenwärtig in der Welt, in der Natur, in allen Wesen. »Die Einheit Gottes wird also nicht nur außerweltlich gedacht, sondern auch innerweltlich, im Paradigma der Manifestation, wo sie den Einen als den Verborgenen denkt, der sich in der Vielheit der Erscheinungswelt manifestiert.«[53] Bezogen auf den Unterschied des »Ich bin alles, was ist« (Manifestation) und des »Ich bin, der ich bin« (Schöpfergott) schreibt Assmann, Cassirer zitierend: »›Der Weg über das Sein und der Weg über das Ich‹, wie Cassirer diese Gottesbilder [...] sehr präzise zusammenfasst, sind nicht zwei Stadien desselben Weges, sondern zwei verschiedene Wege. Der prophetische Monotheismus ist nicht das Reifestadium, sondern der Gegensatz und Konkurrent des Kosmotheismus.«[54]

»Nicht das Reifestadium«, sondern im Gegenteil: Ein Gott, der von der Natur getrennt gedacht wird, der männlich vorgestellt wird und seine weibliche Seite verleugnet, steht für ein extrem unvollständiges Gottesbild – demnach wäre ein Monotheismus, der den ganzen Kosmos als Manifestation Gottes denkt, eine reifere Form, was eine Stufenfolge oder Hierarchie seiner Manifestationen nicht ausschließt, wie sie später in der »großen Kette des Seins« beschrieben

---

53 Assmann, Moses, S. 266
54 Assmann, Moses, S. 179

wird, als Entwicklung von den unbelebten Elementen und elementaren Naturkräften über die Pflanzen, die Tiere, den Menschen, die Engel (die für Weisheit stehen) zu Gott bzw. zum Einssein mit Gott. Damit verschränkt ist der Prozess der Entfaltung der Wahrnehmungs- und Empfindungsfähigkeit und der Bewusstseinsformen wie auch der Prozess der menschlichen Bewusstseinsevolution.[55]

Auch die antike Philosophie hat das »All-Eine« gedacht. Bei Platon ist es der Dialog *Timaios* (der als einziger Text Platons im Mittelalter bekannt war), ein naturphilosophischer Text, der nicht nur die ägyptische Stadt Sais, die mit dem Isis-Kult bedeutend werden sollte, erwähnt,[56] sondern über das Weltall sagt, Gott (nicht »die Götter«) ordne es an »als ein sichtbar Lebendes, welches alles von Natur ihm verwandte Lebende in sich fasst«.[57]

Der spätere Neuplatonismus hat mit Sicherheit Einflüsse aus Ägypten, Persien und Indien aufgenommen[58] – sein Hauptvertreter Plotin (205–270 n. Chr.) schloss sich einem Feldzug nach Persien an aus dem Wunsch heraus, »die Philosophie der Inder und Perser kennenzulernen«.[59] Wahrscheinlich war »Plotin, […] dessen Lehre mehr als alle anderen um den Begriff der All-Einheit kreist«,[60] sogar ein

---

55 Dazu: Ken Wilber: Integrale Psychologie, Freiamt 2001, ab S. 21
56 Platon, Timaios, 21 e
57 Platon, Timaios, 30 d
58 Dazu: Rolf Elberfeld, Plotin und Indien, in: Philosophieren in einer globalisierten Welt, Freiburg–München 2017, ab S. 37
59 Christian Tornau, in: Plotin: Ausgewählte Schriften, Stuttgart 2011, S. 9
60 Assmann, Moses, S. 207

Ägypter. Er denkt »die Einswerdung mit dem geistigen Sein als Ganzem unter voller Bewahrung der eigenen Individualität«:[61] »Jeder enthält nämlich alles in sich selbst, und in dem anderen sieht er auch wieder alles.«[62] Das entspricht der aus Indien stammenden und im Buddhismus verbreiteten Vorstellung von »Indras Netz«: ein Bild für das Bewusstsein als Netz von Perlen, die alle ihre Individualität besitzen und zugleich alle anderen in sich spiegeln.

So war der Gedanke der All-Einheit und der Verbundenheit von allem mit allem, den man sonst eher mit dem Buddhismus verbindet, auch im Abendland gedacht, und zwar in der Antike, in die das Christentum hineintrat – und von ihr beeinflusst wurde. In der Regel (so auch in der Diskussion über Assmanns Thesen zum Monotheismus) wird das Christentum unhinterfragt mit dem Schöpfungs-Paradigma verbunden. Aber sollte man nicht besser nur von einer möglichen Auffassung des Christentums sprechen?

Die Gesichter des Christentums

Bei Übersetzungen in eine Sprache, die ganz anders strukturiert ist (wie etwa von einer europäischen Sprache ins Chinesische), fällt es oft schwer, wenn nicht eine Verfälschung, so doch eine spürbare Umakzentuierung des Gemeinten zu vermeiden. Es war bestimmt eine gute Idee, die Evangelien auf Griechisch zu schreiben, weil sie dadurch eine große Verbreitung erfahren konnten; oft finden sich jedoch im

---

61 Tornau, S. 39
62 Plotin: Enneade V, zitiert nach Tornau, S. 40

Griechischen keine passenden Begriffe für das Aramäische, das Jesus sprach. Die Rekonstruktion der aramäischen Urtexte sowie neu aufgefundene Quellen wie das Thomas-Evangelium lassen Jesu Worte viel »orientalischer« und weniger »griechisch« klingen. Im Aramäischen (wie auch im Hebräischen) »steht das gleiche Wort für Geist, Atem und Wind«.[63] Was ändert sich, wenn man bei »Geist« immer auch »Atem« mitdenkt? Plötzlich schwingt da eine naturhaft-körperliche Ebene mit. Denkt man das weiter, dann beginnen »die Trennungen zwischen Geist und Körper, zwischen Menschheit und Natur, die wir in unseren Sprachen als selbstverständlich annehmen, […] sich aufzulösen«.[64] Wenn man der gewohnten Übersetzung des Satzes aus der Bergpredigt: »Selig sind die Sanftmütigen, sie werden die Erde erben«, diejenige nach dem Aramäischen gegenüberstellt: »Reif sind diejenigen, die das Starre weich machen, im Inneren wie im Äußeren; sie werden offen sein, Stärke und Kraft, ihr natürliches Erbe, von der Natur zu empfangen«,[65] wird der Unterschied spürbar. Dabei muss man natürlich bedenken, dass man, um die Bedeutungsnuancen der aramäischen Begriffe einzufangen, im Deutschen zu Umschreibungen greifen muss. Das gilt auch für den Beginn des Vaterunsers: »O Gebärer(in), Vater-Mutter des Kosmos, bündele Dein Licht in uns …«[66]

---

63 Neil Douglas-Klotz: Der Prophet aus der Wüste. Die verborgenen Botschaften des aramäischen Jesus, München 2001, S. 9
64 Douglas-Klotz, S. 57
65 Douglas-Klotz, S. 66
66 Neil Douglas-Klotz: Das Vaterunser, München 2007, S. 75

Nach wie vor ungeklärt ist, welche Einflüsse Jesus in der Zeit zwischen seinem 12. und seinem 30. Lebensjahr aufgenommen hat, in dem sein öffentliches Wirken begann. Der indische Philosoph und Yogi Yogananda vertritt nicht ganz unbegründet die These, Jesus sei in Indien gewesen.[67] Wie auch immer, man sollte nicht unhinterfragt das alttestamentliche Gottesbild der Lehre Jesu unterstellen. Zumindest sollte man für eine Deutung von Worten und Wirken Jesu im Sinne des »Paradigmas der Manifestation« die Tür offen halten – das Thomas-Evangelium legt dies nahe: »Jesus sagt: Ich bin das Licht, jenes, das über allem ist. Ich bin das All; das All ist aus mir hervorgekommen […]. Hebt den Stein auf, und ihr werdet mich dort finden.«[68]

Einen interessanten Aspekt könnten die Wunderheilungen Jesu liefern. Wer wissenschaftlich dokumentierte Berichte über schamanische Heilungen etwa in Lateinamerika[69] liest, wird es für wahrscheinlich halten, dass Jesus über schamanische Fähigkeiten verfügt hat und dass viele Heilungen unter manch legendenhafter Überformung einen realen Kern besitzen. Das könnte ein Hinweis sein auf seine Verbindung mit Naturkräften. Auch später im Christentum, in den mystischen Strömungen, gab es das Bewusstsein für übernatürliche Gaben, wie Johannes vom Kreuz sie erwähnt,

---

67 Paramahansa Yogananda: Der Yoga Jesu, Los Angeles 2009
68 Zitiert nach: Enno Edzard Popkes: Jesus als Begründer eines platonischen Christentums. Die Botschaft des Thomas-Evangeliums, Norderstedt 2019, S. 73
69 Dazu: Josef Estermann: Llamar el ajayu. Philosophische Hintergründe andiner Vorstellungen von Gesundheit, Krankheit und Genesung, in: Polylog 42, Wien 2019, ab S. 43

»die Gnade der Heilung, dem Wirken von Wundern, […] Erkenntnis und Unterscheidung der Geister«.[70] Das war aber immer verbunden mit der Warnung, solche Kräfte nicht aus egoistischen Motiven zu benutzen, sondern nur zum Wohle anderer.

Es hat lange gedauert, bis sich das Christentum zu einer schließlich staatstragenden Religion verfestigte. Der römische Kaiser Konstantin, der Christ geworden war, erkannte, »dass man auf Hunderte konkurrierende Deutungen, wer Jesus war, kein stabiles Reich aufbauen konnte«.[71] So legte das von ihm einberufene Konzil 325 in Nicäa das heute noch gebräuchliche Glaubensbekenntnis fest. Was aber wissen wir über all die anderen Interpretationen der Lehre Jesu? Die Apostel reisten ja nicht nur in den Westen, sondern auch nach Osten wurde das Christentum verbreitet, und so kam es schon etwa tausend Jahre vor den Missionaren der westlichen Kirchen nach China. Aber war es dasselbe Christentum wie das sich im Westen entfaltende, das wir für »das Christentum« halten?

Das Christentum des Ostens (damit sind nicht die griechisch- und russisch-orthodoxen Kirchen gemeint, sondern die frühen Christengemeinden im Irak, im Iran, in Indien und in China) hat sich aus dem »Nestorianischen Christentum« entwickelt. Dessen wesentliche Aspekte sind »die konsequente Ablehnung der Erbsünde und die Überzeugung, dass der Mensch nur aus freiem Willen die göttlichen Ge-

---

70 Johannes vom Kreuz: Aufstieg auf den Berg Karmel, Freiburg 1999, S. 423
71 Douglas-Klotz, Der Prophet, S. 25

bote übertreten und sich von ihm abwenden könne«,[72] und »dass die menschliche Natur in ihrem Wesen gut ist«.[73] Das bedeutet auch: »Vom nestorianischen Denkansatz aus gesehen, ist der Verlauf der Geschichte keine Erlösung aus der Sündhaftigkeit, sondern eine fortschreitende Offenbarung Gottes und Verklärung der Schöpfung. In diesem Kontext ist Adam nicht der Auslöser der Erbsünde und des irdischen Elends, sondern er stellt als Erster die [...] Frage nach der Unterscheidung von Gut und Böse.«[74] Im syrischen Christentum entstanden sehr früh mystische Strömungen, die die Vereinigung mit Gott auf dem Weg der Liebesmystik (Isaak von Ninive, 7. Jahrhundert) oder auf einem mehr intellektuell-spirituellen Weg suchten wie Johannes von Dalyatha (8. Jahrhundert) – für ihn »mündet die Erkenntnis in einer ekstatischen Vision der Herrlichkeit Gottes, in der jeder Unterschied zwischen dem Erkennenden und dem Erkannten [...] aufgehoben wird [...] – ein mit dem indischen Weg des Advaita vergleichbarer Ansatz«.[75]

Im Westen wurde die Lehre von der Erbsünde von Augustinus (354–430) vertreten, der mehrere Jahre lang Anhänger der Manichäer war, einer in der Spätantike bedeutsamen Strömung, die einen extremen Dualismus predigte, von Geist und Materie, Gut und Böse. Zwar trennte sich Augustinus vom Manichäismus, aber dessen Einfluss war wei-

---

72 Christoph Baumer: Frühes Christentum zwischen Euphrat und Jangtse, Stuttgart 2005, S. 16
73 Baumer, S. 16
74 Baumer, S. 122
75 Baumer, S. 136–137. »Advaita« bedeutet wörtlich »Nichtzweiheit« und ist der zentrale Begriff der indischen Philosophie.

terhin spürbar in seiner Körperfeindlichkeit durch die Verdammung der leiblichen Dimension des Menschen als sündhaft.[76] Sein Gegenspieler war Pelagius (354–418) mit der Meinung, »die Ursünde Adams bewirke keine universelle negative Vorprägung aller Menschen«.[77] Obwohl die Lehre des Pelagius breiten Anklang fand, »gelang es den Intrigen von Augustinus, die Unterstützung von Kaiser Honorius zu gewinnen«.[78] Pelagius wurde verdammt und musste fliehen. Isaak von Ninive hielt das »Konzept einer Erbsünde« sogar »für blasphemisch«.[79] »Die Kirche des Ostens deutet an, wie eine westliche Kirche ohne den augustinischen Pessimismus hätte aussehen können. Isaaks Vision war eine Religion der Liebe, diejenige des Augustinus eine der Furcht.«[80]

Während die westliche, augustinische Version des Christentums Staatsreligion wurde, verbreitete sich das nestorianische Christentum bis nach China, wo Bischof Alopen (oder Alouben) 635 die »leuchtende Religion« brachte und wohlwollend aufgenommen, ja sogar gefördert wurde. Unter dem Titel *Die Jesus-Sutras* sind die wiedergefundenen Texte neu veröffentlicht worden und zeigen, vom chinesischen Denken nicht unbeeinflusst, ein Christentum ohne Erbsün-

---

76 Die Abwendung des Augustinus vom Manichäismus verdankt sich wohl eher unterschiedlichen Auffassungen vom Determinismus.
77 Baumer, S. 127. Zum Stand der derzeitigen theologischen Diskussion: Christian Modehn: Ohne Erbsünde glauben – Warum sich das Christentum von dieser verhängnisvollen Lehre trennen sollte, in: Publik-Forum Nr. 11, 2017, S. 42.
78 Baumer, S. 121. Modehn berichtet von Bestechung.
79 Baumer, S. 139
80 Baumer, S. 140

de und mit der Lehre: »Niemand hat Gott je gesehen [...]. Er ist in allem und überall«[81] – ein kosmotheistisches Konzept des einen unsichtbaren Gottes, der aber in Allem gegenwärtig ist. Zugleich geht es um die Kultivierung der inneren Welt, denn dem Gläubigen wird geraten: »[...] begehre das Himmelreich in dir, [...] folge dem Pfad des Himmels im Inneren.«[82] Auch wenn im Osten das Christentum nie Staatsreligion wurde und viele Dokumente verloren sind, so wissen wir doch genug über diese andere Art des Christentums, um in ihm eine Alternative zur westlich-augustinischen Ausprägung erkennen zu können.

Von der Verachtung des eigenen Körpers ist der Weg nicht weit zur Verachtung der Natur insgesamt – und zur Verachtung alles Weiblichen. Zum Glück hat sich auch im Westen die Spur einer Entwicklung im Judentum erhalten, die in den Jahrhunderten unmittelbar vor der Zeitenwende die Weisheit, die Sophia, ins Zentrum rückte. Der männlich gedachte Jahwe hatte seine weibliche Ergänzung erhalten, von ihm vor der Schöpfung der Welt erschaffen: »Der Herr schuf mich, seines Walten Erstling, am Anfang seiner Werke, vorlängst. Von Ewigkeit her bin ich gebildet, von Anbeginn, vor dem Ursprung der Welt.«[83] Sophia wird verglichen »mit Bäumen, wie Zeder, Palme, [...] Ölbaum, Zypresse etc. Alle diese Bäume sind von alters her Symbole der semiti-

---

81 Martin Palmer: Die Jesus-Sutras. Die wiedergefundenen Evangelien und Kultstätten des taoistischen Christentums in China, München 2002, S. 202
82 Palmer, S. 261
83 Sprüche Salomos 8, 22. Dazu auch Carl Gustav Jung: Antwort auf Hiob, Olten 1973, S. 32

schen Liebes- und Muttergöttin.«[84] Die Weisheit ist die »Werkmeisterin aller Dinge« und sagt sogar: »Als er die Grundfesten der Erde legte, da war ich als Liebling ihm zur Seite.«[85]

Der Heilige Geist wurde später im Christentum auch weiblich gedacht, denn sein Symbol, die Taube, ist der »Vogel der Liebesgöttin«.[86] So zeigt bereits das Judentum den Weg, ein einseitiges und unvollständiges Gottesbild zu korrigieren, in Richtung auf den »Gottesbegriff als die Idee einer allumfassenden Ganzheit«,[87] wie Carl Gustav Jung später formulierte. Umso tragischer ist es, dass die weibliche Seite im Gottesbild des westlichen Christentums immer stärker zurückgedrängt wurde. Noch um 1390 entstand in Bayern ein Fresko der Heiligen Dreifaltigkeit mit einer Frau in der Mitte als »Heilige Geistin« zwischen Gottvater und Christus.[88] Es gibt auch Abendmahls-Darstellungen, wo eine Frau neben Jesus sitzt:[89] Maria Magdalena, die Jesus vor seiner Passion salbte und der er als Auferstandener als Erste erschien – eine Apostelin, die möglicherweise Jesus besser verstanden hat als ihre männlichen Kollegen. Jedenfalls soll es zu Meinungsverschiedenheiten mit Petrus gekommen sein. Im »Evangelium nach Maria« wird berichtet, dass Levi zu Petrus sagte: »Petrus, du bist schon immer aufbrausend gewesen. Und auch jetzt sehe ich, wie du dich gegen diese

---

84 Jung, S. 34
85 Sprüche 8, 29. Dazu auch Jung, S. 50
86 Jung, S. 55
87 Jung, S. 107, Fußnote
88 Christa Mulack: Der veruntreute Jesus, Schalksmühle 2008, S. 184
89 Mulack, Tielbild und S. 128

Frau ereiferst, als wärest du ihr Widersacher. Wenn aber der Erlöser sie gewürdigt hat – wer bist du denn, dass du sie verwerfen dürftest? Sicherlich kennt der Erlöser sie durch und durch. Deshalb hat er sie mehr als uns geliebt.«[90] All das geriet nach und nach in Vergessenheit.

Das Mittelalter

Das Christentum als Staatsreligion war in mancher Hinsicht ein anderes geworden. Aus Verfolgten wurde nun Verfolger: »Nun sind es Heiden, die von den Christen den wilden Tieren vorgeworfen oder verbrannt wurden.«[91] Die Christen müssen mit unglaublicher Gewalt gegen die polytheistischen und naturreligiösen Heiligtümer vorgegangen sein.[92] Aber nicht nur den Heiden gegenüber reagierte das nunmehr staatstragende römische Christentum mit großer Härte, sondern auch Vertreter anderer Konzepte vom Christentum wurden gnadenlos verfolgt, denn abweichende theologische Positionen waren nun immer auch ein Politikum. Mit der »konstantinischen Revolution« trat eine Zentralisierung ein, »die sich nun nicht mehr allein auf das Ritual beschränkte, sondern weitgehend auch in den Bereich des individuellen Verhaltens und des persönlichen Glaubens vorstieß«.[93] Die Kirche war bemüht, »alle von der offiziellen Doktrin abwei-

---

90 Konrad Dietzfelbinger: Apokryphe Evangelien aus Nag Hammadi, Andechs 1988, S. 261
91 Josep Fontana: Europa im Spiegel, München 1995, S. 40
92 Dazu Catherine Nixey: Heiliger Zorn. Wie die frühen Christen die Antike zerstörten, München 2017
93 Fontana, S. 41

chenden Strömungen des Frühchristentums auszumerzen«. Die dem nestorianischen Christentum nahestehenden »orientalischen Dissidenten« »wanderten ab nach Mesopotamien, Persien und Zentralasien«.[94]

Aber dennoch lebte die neuplatonische All-Einheit-Lehre weiter. Ihr wichtigster Vertreter war Dionysius Areopagita, der aber nicht der in der Apostelgeschichte erwähnte Schüler des Paulus aus dem 1. Jahrhundert n. Chr. war, sondern ein Mystiker des späten 5. Jahrhunderts. Er verbarg sich unter diesem Namen, denn »niemand hätte es im Mittelalter gewagt, den ›Apostelschüler‹ anzugreifen […], aber wer seine (philosophische) Einheitslehre übernahm und weiter ausbaute, wie Johannes Scotus oder Meister Eckhart oder auch Nikolaus von Kues, geriet in den Verdacht eines häretischen Pantheismus, weil die Trennung von Gott und Geschöpf nicht gewahrt schien«.[95]

So lesen wir bei Dionysius: »Denn nichts von allen Dingen ist ohne Anteil an dem Einen.«[96] Und über die Lehre des aus Irland stammenden Johannes Scotus Eriugena (810–877) heißt es: »So sind alle Dinge Erscheinungen Gottes (Theophanien), unser Leben ist Gottes Selbstoffenbarung in uns. Es gibt nicht außer ihm. Auch die Körperlichkeit geht letztlich auf geistige Prinzipien in Gott zurück.«[97]

Dass das Mittelalter im Denken so einheitlich nicht war, zeigt sich in der bildenden Kunst, wo sich gelegentlich

---

94 Fontana, S. 44
95 Josef Koch, zitiert nach: Gerhard Wehr: Der Mystiker Dionysius Areopagita, Wiesbaden 2013, S. 13
96 Zitiert nach Wehr, S. 115
97 Karl Vorländer: Philosophie des Mittelalters, Reinbek 1964, S. 51

Phänomene finden, die auf ein Wissen um die Einheit von Körperlichkeit und Geistigkeit verweisen: Es gibt Christusdarstellungen, die durch das Gewand die Bauch-Region betonen,[98] die im Zen-Buddhismus als Hara-Zentrum bezeichnet wird; und der »Christus Pantokrator« im Dom von Monreale (Sizilien) formt mit den Fingern der rechten Hand ein aus Indien vertrautes »Mudra«.[99] Unter Künstlern mag älteres Wissen überlebt haben, doch auch ein Einfluss des Buddhismus ist denkbar, denn das Christentum im Osten hatte zeitweise enge Berührungen mit dieser Religion.[100]

Auf welche Religionen trafen nun die nach Westen reisenden Missionare? Die Germanen kannten einen Polytheismus, der in mancher Hinsicht dem der Griechen vergleichbar war: Odin/Wotan als »Gott der vornehmen Krieger« mit dem Speer in der Rechten und zwei Raben (Hugin – Gedanke, und Munin – Gedächtnis)[101] als Kundschafter in der Welt, Thor/Donar als Gott des Gewitters und Baldur, Sohn des Odin, als Frühlingsgott, dazu Naturgeister, Elfen, Nixen, Waldriesen und Zwerge, und im Zentrum die Weltesche Yggdrasil. Die Kulte wurden in Hainen und Wäldern gefeiert, Bäume dienten als göttliche Symbole (wie die

---

98 Karlfried Graf Dürckheim: Übung des Leibes, München 1978, S. 10 und 11.
99 Mudras sind Fingerhaltungen, gleichsam Yoga-Stellungen der Finger, dazu: Gertrud Hirschi: Mudras – Yoga mit dem kleinen Finger, Freiburg i. Br. 1998
100 Dazu: Peter Frankopan: Licht aus dem Osten, Berlin 2016, S. 97. Bei Christus-Darstellungen finden sich verschiedene Fingerhaltungen, die aber alle als Mudra bekannt sind.
101 Glasenapp, S. 125

Donar-Eiche), später gab es auch hier und da Götterbilder und Tempel. Verbundenheit mit der Sippe und Treue gegenüber den Fürsten waren wichtige ethische Prinzipien; es herrschte aber noch das Gesetz der Blutrache,[102] und die Götter verlangten nicht nur Tier-, sondern auch Menschenopfer.[103]

»Die heidnische Religion musste, im Unterschied zum Monotheismus, mit anderen Glaubensrichtungen nicht in Konflikt geraten«,[104] denn der christliche Gott ließ sich problemlos in die polytheistische Götterwelt integrieren. Aber natürlich ließen sich die Missionare nicht darauf ein, ihren Gott als einen neben anderen verehren zu lassen, und gingen extrem gewalttätig gegen die Naturreligion vor: Ein symbolträchtiger Akt war das Fällen der Donar-Eiche durch den heiligen Bonifatius. Andererseits brachte das Christentum eine universalistische Ethik, die nicht mehr an Stamm und Sippe gebunden war, und beendete die Praxis der Tier- und Menschenopfer. Dabei erstreckte sich allerdings die Übernahme des christlichen Glaubens »vielerorts nur auf die führenden Gesellschaftsschichten in den Städten. […] Die Landbevölkerung blieb nach kirchlicher Auffassung weiterhin ›heidnisch‹.«[105] So musste die Kirche längere Zeit mit einer noch lebendigen Naturreligion zusammenleben.

---

102 Glasenapp, S. 129
103 Glasenapp, S. 128. Dazu auch. Rüdiger Sünner, Wildes Denken, Zürich 2020, S. 141 und 159
104 Michael Borgolte: Europa entdeckt seine Vielfalt 1050–1250, Stuttgart 2002, S. 244
105 Fontana, S. 45

Die Volkskultur muss unglaublich bunt gewesen sein, mit Spielleuten, Gauklern, Possenreißern und Bänkelsängern. »Zwar war die vorherrschende ›offizielle‹ Seite ernster Natur, dies schloss aber die Koexistenz mit der anderen, der ›volkshaften‹, komischen und karnevalesken Seite im Halbdunkel nicht aus.«[106] Humor, Parodie, Obszönität – all das gehörte zu den Narrenfesten. »Die in Lumpen, unter Krankheiten, Mühe, Schmerz und Demütigung entstandene Kultur, die niedere Kultur der ›Schandkerle‹ und der ›Schamlosen‹ ist – fatales Paradoxon – eine lachende, vitalistische, orgiastische [...] körper- und erdverbundene Kultur.«[107]

Auch bei den Germanen gab es Hexen und Schadenszauber, und all das lebte im Mittelalter weiter. »Es kam vor, dass man eine als Hexenmeister oder als Hexe geltende Person ihres schädlichen Zaubers wegen verbrannte. Doch es wäre niemandem in den Sinn gekommen, sie planmäßig aufzuspüren oder zu vernichten. Zur systematischen Verfolgung kam es erst, als sich die durch die Scholastik theoretisch entwickelte Dämonenlehre mit der Praxis der Hexenverfolgung verband.«[108]

Seit dem Auftreten der Katharer und Waldenser im 11. bzw. 12. Jahrhundert befand sich die Kirche im Kampf nicht nur gegen die Volkskultur, sondern auch gegen diese ketzerischen Bewegungen. Dafür mussten die Vergehen gebündelt werden unter dem Begriff »Abfall vom christlichen

---

106 Piero Camporesi: Bauern, Priester, Possenreißer, Frankfurt a. M. 1994, S. 42
107 Camporesi, S. 111
108 S. Fischer-Fabian: Der jüngste Tag. Die Deutschen im späten Mittelalter, München 1988, S. 314

Glauben«. Nach Augustinus »bedeutete jede Form magischen Handelns, also auch solche mit wohltätiger Absicht, einen Abfall vom Glauben und von Gott, weil ihre Wirksamkeit nur aufgrund einer Übereinkunft mit dem Teufel herbeigeführt werden könne«.[109] So wurden die Hexen nun nicht mehr wegen eines konkreten Falls von Schadenszauber vor Gericht gestellt, sondern als Mitglieder einer häretischen Sekte, als »Teufelsanhänger«, wie alle Ketzer.

Die Scholastik war ein eindrucksvolles Gedankengebäude, in dem versucht wurde, das Christentum mit dem Rationalismus des wiederentdeckten Aristoteles zu verbinden. Aristoteles war im Westen vergessen gewesen, aber über die arabischen und jüdischen Philosophen (besonders durch Avicenna und Maimonides) wurden seine Schriften wieder bekannt. Daneben ist das neuplatonische Erbe weiter lebendig, etwa bei Albertus Magnus: »Es ist *eine* große Ordnung, die alles Seiende in der hierarchischen Einheit von Natur und Übernatur verknüpft und aus der nichts herausfällt, auch der Mensch nicht mit seinem Denken und Wollen.«[110] Zu Thomas von Aquin heißt es: »Es existiert eine stetige Entwicklungsreihe von den niedrigsten Daseinsformen über das pflanzliche (anima vegetativa) und tierische (anima sensitiva) Leben hinauf zu der vernünftigen Seele des Menschen (anima rationalis) und weiter zur Welt reiner Geister (Engel) bis zur reinen Tätigkeit und absoluten Form, d.i. der Gott-

---

109 Walter Rummel/Rita Voltmer: Hexen und Hexenverfolgung in der frühen Neuzeit, Darmstadt 2008, S. 18
110 Vorländer, S. 85–86

heit [...].«[111] Diese Stufenfolge, bekannt als die »große Kette des Seins«, kann gelesen werden entweder im Sinne des Neuplatonismus als Hierarchie der Manifestationen Gottes, bei der Gott auf allen Stufen präsent ist, oder aber so, dass Gott nur an der Spitze steht mit der Folge einer Trennung zwischen Gott und seiner Schöpfung und der Trennung von Mensch und Natur – vor allem: von Mensch und Tier.

In der »Schule von Chartres« wurde die neuplatonische Auffassung mit dem All-Einheit-Gedanken gelehrt. »Die philosophischen Bemühungen, die Schöpfungsberichte des Timaios und der Genesis miteinander zu harmonisieren und zu einem eigenen Weltbild zu verschmelzen, in dem sich der Mensch als Mikrokosmos in dem ihm zugehörigen Makrokosmos wiederfindet«,[112] prägte das Denken in Chartres, aber man musste vorsichtig formulieren, denn die Natur als göttliche Manifestation zu verstehen, »den Kosmos als lebendiges Wesen«,[113] widersprach eben doch den Auffassungen der meisten Scholastiker und der offiziellen Kirchenlehre.

In Chartres wurden nicht nur die Werke von Dionysius Areopagita und von Johannes Scotus Eriugena gelesen, die »eine der Grundlagen für das Geistesleben zu Chartres«[114] bildeten, sondern auch die arabischen Philosophen. Die Kathedrale integrierte sogar das ursprünglich heidnische

---

111 Vorländer, S. 89
112 Frank Teichmann: Der Mensch und sein Tempel. Chartres, Schule und Kathedrale, Stuttgart 1997, S. 129. »Timaios« ist Platons naturphilosophischer Dialog.
113 Teichmann, S. 129
114 Teichmann, S. 139

Quell-Heiligtum – hier scheint die Möglichkeit einer Verbindung von Christentum und Naturverehrung auf.

Johannes Scotus stammte aus Irland, und seine All-Ein-heit-Lehre stand nicht nur in der neuplatonischen Tradition, sondern harmonierte auch gut mit dem dort lebendigen »keltische Christentum«. Die in der Bretagne, in Wales, Schottland und Irland vor der Christianisierung verbreitete keltische Religion pflegte die Verehrung von Naturkräften und Naturobjekten wie Sonne, Mond und heiligen Quellen.[115] Der Kultus fand im Freien statt, in heiligen Hainen, und es gab, wie bei den Germanen, Tier- und sogar Menschenopfer.[116] Und doch gelang es hier, Christentum und Naturverehrung zu verbinden. »Viele Lobgesänge der frühen Heiligen bezeugen, dass ihr Gottesbegriff […] auch Himmel, Erde, Meer, Berge, Flüsse und die Gestirne umfasste.«[117] Die Vision des Christentums »vom einzelnen, unwiederholbaren Individuum, das nicht mehr in Gesetzen von Sippe, Volk, Blut oder Natur aufgeht, sondern eine bisher unbekannte Würde bekommt«, bedeutet also nicht, »dass die lebendige Natur dem neuen Glauben zum Opfer fallen musste.«[118]

Im 12. Jahrhundert setzte die römische Kirche »mithilfe militärischer Macht aus England«[119] dem keltischen Christentum ein Ende.

---

115 Dazu: Manfred Ehmer: Weisheit des Westens, Klein Königsförde 2001, S. 86
116 Glasenapp, S. 233
117 Rüdiger Sünner: Totenschiff und Sternenschloss. Reisen zu mythischen Orten Europas, Klein Jasedow 2008, S. 54
118 Sünner: Totenschiff, S. 55
119 Sünner: Totenschiff, S. 63

Die Gesichter der Renaissance

Die Renaissance war eine Zeit voll Aufbruchsstimmung, Entdeckungen und Wiederentdeckungen, aber auch von großer Unsicherheit und Ängsten. »Das Gefühl, im Zeitalter einer umfassenden Erneuerung des menschlichen Geistes zu leben, das Gefühl, ›wiedergeboren‹ zu werden, war im 15. Jahrhundert weit verbreitet.«[120] Andererseits war die Zeit zwischen rund 1300 und 1650 »the most psychically disturbed era in European history«.[121] Bruchstellen und Konfliktfelder nahmen zu: So hatte die Kirche nicht nur nach wie vor mit dem besonders in ländlichen Gegenden weiterlebenden Heidentum zu kämpfen, sondern auch mit der wieder aufblühenden neuplatonischen All-Einheit-Lehre, mit der beginnenden mathematisierten Naturwissenschaft und schließlich mit den Reformationsbewegungen.

An zwei Gestalten der frühen Renaissance lässt sich die Weite des neuen Denkens erkennen: Marsilio Ficino (1433–1499) hat Plotin ins Lateinische übersetzt, aber auch Hermes Trismegistos, bei dem man schon damals den Ursprung der All-Einheit-Lehre vermutete. Pico della Mirandola (1463–1494) zeigt sich in seiner Schrift *Über die Würde des Menschen* als Kenner nicht nur der griechischen, sondern auch der arabischen Philosophie, der jüdischen Mystik der Kabbala und natürlich der »uralten Theologie des Hermes

---

120 Friedrich Blume: Renaissance, in: Epochen der Musikgeschichte in Einzeldarstellungen, Kassel 1974, S. 104
121 Gerhard Schormann: Hexenprozesse in Deutschland, Göttingen 1996, S. 89

Trismegistos«.[122] Wichtig ist ihm die Verantwortung des Menschen für seine Entwicklung: Gottvater hätte im Menschen bei seiner Geburt »vielerlei Samen und Keime für jede Lebensform angelegt; welche ein jeder hegt und pflegt, die werden heranwachsen und ihre Früchte in ihm tragen.«[123] So kann der Mensch auf einer gleichsam tierischen Stufe verbleiben, sich zum vernünftigen Wesen entwickeln, aber auch darüber hinaus bis zur Einheit mit Gott. Die »große Kette des Seins« erscheint hier als Abfolge menschlicher Entwicklungsmöglichkeiten. Das »Erkenne dich selbst« der Griechen »treibt uns an zur Erkenntnis der gesamten Natur [...]. Wer nämlich sich erkennt, erkennt in sich alles.«[124] Die Naturphilosophie als Weg zu Gott, als Verbindung von Selbsterkenntnis und Naturerkenntnis – das ist nur vorstellbar innerhalb der neuplatonischen All-Einheit-Lehre. Bemerkenswert ist auch Picos Aussage, er habe gezeigt, »dass es eine doppelte Magie gibt. Die eine beruht ganz auf dem Werk und Einfluss von Dämonen, eine bei Gott fluchwürdige und abscheuliche Sache. Die andere ist, wenn man sie auf dem rechten Weg verfolgt, nichts anderes als die absolute Vollendung der Naturphilosophie.«[125] Die Natur wird einerseits dämonisiert wegen der Möglichkeit, ihre Kräfte zum Schadenszauber zu nutzen, andererseits aber als Weg zur höchsten Erkenntnis verehrt – ein Ver-

---

122 Pico della Mirandola: Über die Würde des Menschen, Hamburg 1990, S. 47
123 Della Mirandola, S. 7
124 Della Mirandola, S. 27
125 Della Mirandola, S. 51–53

such, die destruktive Seite der Magie zu verurteilen, ohne ihre Realität leugnen zu müssen.

Die weite Verbreitung des Neoplatonismus in der Renaissance zeigen Nikolaus von Kues (auch Cusanus, 1401–1464), Giordano Bruno (1548–1600) und Jakob Böhme (1575–1624) als prominenteste Vertreter; zwei von ihnen in spannungsreicher Beziehung zur Kirche lebend (Cusanus, Böhme), einer in heftigem Konflikt mit ihr als Ketzer verbrannt (Bruno). Von Cusanus gibt es wunderbare Überlegungen zu Gottes Namen: »Alle Namen sind nämlich aufgrund einer gewissen Besonderheit in der verstandesmäßigen Erfassung den Dingen zugelegt, auf der die Unterscheidung des einen vom anderen beruht. Wo jedoch alles eines ist, da kann es keinen besonderen Namen geben. Hermes Trismegistos sagt dazu mit Recht: ›Da Gott die Gesamtheit aller Dinge ist, so gibt es keinen ihm eigenen Namen. […]. Er umgreift ja in seiner Einfachheit die Gesamtheit aller Dinge. […] als Einer und Alles, oder Alles in Eins.‹«[126]

Für Giordano Bruno bildet die neuplatonische Lehre den Hintergrund seines Denkens: »Alles ist […] beseelt, belebt, hat Bewusstsein. Es gib keinen essenziellen Unterschied zwischen organischer und anorganischer Natur, nur einen graduellen. Alle Formen und Arten repräsentieren Bewusstseinsstufen […].«[127] Treffend schreibt Karl Vorländer zu Brunos Gottesbild: »Gott ist Natur, wenn die Menschen meinen, sie als das womöglich Böse aus Gott heraushalten zu können, und er ist sie nicht, wenn materialistische Spekula-

---

126 Zitiert nach Assmann, Moses, S. 180
127 Jochen Kirchhoff, Giordano Bruno, Reinbek 1980, S. 105

tion ihn in sie einschließen wollte.«[128] Damit ist die Position dieses Kosmotheismus gut charakterisiert: Die Natur ist göttlich, aber Gott ist mehr als sie.

Jakob Böhme hat nach einer ihn verwandelnden spirituellen Erfahrung geschrieben: »Von da an konnte ich Gott in allem, was da ist, erkennen – in den Tieren, in den Pflanzen und Gräsern. Ich verstand, was Gott ist, und wie er es ist.«[129]

Eine extrem gegensätzliche Position vertrat Galileo Galilei (1564–1642). Er verzichtete auf alle metaphysischen Voraussetzungen und vertraute auf die sinnliche Erfahrung und die Mathematik. Das Buch der Natur sei »in mathematischer Sprache geschrieben, und die Schriftzüge sind Dreiecke, Kreise und andere geometrische Figuren«.[130] »Wahre Naturwissenschaft«, so Vorländer im Hinblick auf Galilei, »besteht daher in der Verbindung der Experimente mit mathematischem Denken.« »Gegenstand der Naturforschung ist das mathematisch Bestimmbare, das Messbare, das Quantitative. […] Was jenseits der quantitativen Bestimmbarkeit liegt […], bleibt uns unbekannt.«[131] »So führt die Naturwissenschaft Galileis auf eine rein mechanische Grundauffassung der gesamten Natur.«[132]

Dagegen erhob sich nicht nur Widerspruch von kirchlicher Seite, sondern auch seitens der Vertreter des neuplatonischen Kosmotheismus. »Bruno hält ein analytisch-ab-

---

128 Karl Vorländer: Philosophie der Renaissance, Reinbek 1965, S. 43
129 Zitiert nach: Jakob Böhme – Der schlesische Mystiker, hrsg. von Charles Waldemar, München 1956, S. 9
130 Zitiert nach Vorländer, Philosophie der Renaissance, S. 120
131 Vorländer, Philosophie der Renaissance, S. 120–121
132 Vorländer, Philosophie der Renaissance, S. 122

straktes Verfahren [...] für einen verhängnisvollen Irrtum. Der Kosmos Brunos [...] kennt keine Abstraktheit, kann folglich auch mittels mathematischer Abstraktion niemals erkannt werden.«[133]

Wovon wurde abstrahiert? Im Grunde von der Lebendigkeit der Natur. Galilei selbst sagte: »Ich denke, dass Geruch, Geschmack, Farbe und so fort bloße Namen sind [...] und dass sie nur im Bewusstsein existieren. Wenn wir also die lebende Kreatur entfernen, werden alle diese Eigenschaften hinweggefegt und zunichte gemacht.«[134] »... die lebendige Kreatur entfernen ...« – das ist eine entlarvende Formulierung.

Nun waren Mechanik und mathematische Berechnungen seit Langem bekannt, denn ohne sie hätten weder die Pyramiden noch die gotischen Kathedralen gebaut werden können. Auch ist Abstraktion so lange kein Problem, wie man sich ihrer bewusst bleibt. Gefährlich wird es erst, wenn ein mechanistisches Weltbild an die Stelle der lebendigen und beseelten Natur tritt. Dann wird die Natur »verdinglicht«, zur Ansammlung unbeseelter Dinge.

Die »ausschließende« Lesart der »großen Kette des Seins«, in der Gott an der höchsten Stelle steht und nur dem Menschen Geist und Seele zugestanden wird, erlaubt es, die unteren Stufen zu isolieren und als rein materielle Phänomene zu betrachten, während die »einschließende« Lesart davon ausgeht, dass jede höhere Stufe der Manifestationen alle vorherigen einschließt und dass andererseits auch die unte-

---

133 Kirchhoff, S. 95
134 Zitiert nach: Theodore Roszak: Öko-Psychologie, Stuttgart 1994, S. 56

ren Ebenen Anteil an Bewusstsein und Seele haben, da in Gott ja letztlich alles enthalten ist.

Wenn Galilei sich der Mechanik zuwendet, hat er es mit der unteren, materiellen Stufe der »großen Kette« zu tun, der Stufe, an der zwar alle Wesen Anteil haben, aber in unterschiedlicher Weise darüber hinausgehen. So liegt zunächst nichts Böses darin, sich dieser unteren Ebene zuzuwenden; problematisch wird es erst, wenn die höheren Ebenen, die Lebendigkeit, dadurch gar nicht mehr in den Blick kommen und wenn alles geleugnet wird, was dem Blick von außen und dem quantifizierenden Denken unsichtbar bleibt.

So kann der Blick auf einen Baum über das Messen und das quantifizierende Denken hinausgehen: Blickt man auf den Samen, aus dem er entstanden ist, über die Lebenskraft, die in ihm wirkt, bis hin zur höchsten Ebene, wo er als Teil der All-Einheit erscheint, »so muss ich in Gott den Baum als Gott, im Ewigen das Vergängliche als ewig, im Absoluten das Bedingte als unbedingt, in Gottes Blick meinen Blick als Gottes Blick sehen [...]«. So fasst Vorländer den Übungsweg des Cusanus für ein sinnbildliches Denken zusammen.[135]

Öffnet ein nicht materialistischer, nicht quantifizierender Blick vielleicht sogar die Tür, die Lebendigkeit als Naturgeister personifizieren zu können? Gibt es zwei Arten des Blicks, die nebeneinander existieren können? Rupert Sheldrake schreibt: »Was, wenn Schamanen wirklich einen Zugang zu Erkenntnissen über Pflanzen und Tiere hätten, von dem Wissenschaftler noch überhaupt nichts wissen?«[136]

---

135 Vorländer, Philosophie des Mittelalters, S. 141
136 Rupert Sheldrake: Der Wissenschaftswahn, München 2012, S. 439

Dann zitiert Sheldrake den brasilianischen Anthropologen Eduardo Viveiros de Castro: »Unser Spiel heißt Objektivierung. [...] Das andere ist der Form nach Ding. Der Schamanismus [...] ist vom entgegengesetzten Ideal geleitet. Erkennen heißt hier Personifizieren: den Standpunkt dessen einnehmen, was erkannt werden soll. Schamanische Erkenntnis zielt auf etwas, das ebenfalls ein Jemand ist, ebenfalls ein Subjekt. Das andere ist der Form nach Person.«[137]

Diese Haltung setzt auf Verbundenheit, auf Resonanz, und nicht auf Abgrenzung und Distanz. Wäre es denkbar, beide Haltungen zu üben, den zweifachen Blick?[138] Sind objektivierende, »verdinglichende« und subjektivierende, »personifizierende« Erkenntnis nicht zwei komplementäre Wege, mit der Natur in Beziehung zu treten? Stattdessen kam es in Europa zum Krieg gegen das Weltbild, das die Natur als beseelt und göttlich empfindet – zu einem Krieg, dessen schlimmste Ausprägung das dunkelste Gesicht der Renaissance zeigt: die Hexenverfolgungen.

---

137 Sheldrake, S. 439, auch: Eduardo Viveiros de Castro: Kannibalische Metaphysiken, Leipzig 2019, S. 50. Das entspricht der von Martin Buber in »Ich und Du« (Stuttgart 1995) getroffenen Unterscheidung von »Ich-es«- und »Ich-du-Beziehungen«.
138 Christoph Menke schreibt in: Am Tag der Krise, Berlin 2018, S. 33, bezogen auf die Idee der »Wiederverzauberung der Natur«: »Diese Wiederverzauberung [...] ist nur eine teilweise, weil sie die wissenschaftliche Objektivierung der Natur ergänzen, nicht ersetzen soll. Aber sie entspricht Descolas Bild von den ›Kontinuitäten‹, die im vormodernen Denken zwischen Natur und Kultur geherrscht haben, und die wir zurückgewinnen sollen.« Dazu: Philippe Descola: Jenseits von Natur und Kultur, Berlin 2011

Sie sind nicht, wie oft geglaubt wird, eine Erscheinung des Mittelalters, sondern der beginnenden Neuzeit, der Renaissance. Godula Kosack, die über Magie in Afrika forschte, fragt sich: »Wie war das in Europa zur Zeit der Hexenverfolgung? Waren wirklich alle Hexerei-Anschuldigungen grundlos? Ging nicht auch dort die gesamte Bevölkerung davon aus, dass es Menschen gibt, die anderen mit ihrer Mentalkraft Schaden zuzufügen in der Lage sind? Herrschte dort nicht auch ein Klima der Angst und des Argwohns?«[139]

Andere Forscher bestätigen, dass die Vermutung, Hexenprozesse »seien Strafverfahren ohne Straftat«,[140] keineswegs immer zutrifft. Das genaue Studium der Gerichtsakten zeigt, wie auch ganz ohne Folter Schadenszauber zugegeben wurde,[141] ebenso auch »Vergehen« wie Teufelspakt oder außerkörperliche Erfahrungen wie die Teilnahme an einem Hexensabbat. Über die Anlässe für die Verfolgungen schrieb Lawrence Stone: »Hexerei-Beschuldigungen waren keineswegs […] das Ergebnis kirchlicher oder staatlicher Disziplinierungsmaßnahmen, sondern sie erwuchsen aus sozialen Konfliktkonstellationen im Dorf: Meistens resultierten sie – wie in afrikanischen Gesellschaften – aus Auseinandersetzungen in der Nachbarschaft.«[142]

Auch Gegner der Hexenverfolgung wie der Arzt Johann Weyer (1515–1588) bezweifelten »weder die Fähigkeit noch

---

139 Kosack, S. 300
140 Schormann, S. 100
141 Dazu: Carlo Ginzburg: Hexensabbat. Entzifferung einer nächtlichen Geschichte, Berlin 2005, S. 300
142 Zitiert nach Kosack, S. 306

die Taten der Hexen«, sondern wandten sich gegen Folter und Hinrichtungen.[143]

Nikolaus von Kues musste über zwei Frauen urteilen, denen Hexerei vorgeworfen wurde. Für ihn »waren dies allesamt Torheiten [...], vom Teufel eingegebene Fantasien. Er versuchte, die beiden Frauen davon zu überzeugen, sie hätten geträumt; doch vergeblich.«[144] So tat sich ein Abgrund auf zwischen selbst einem unabhängig denkenden Neuplatoniker und der noch lebendigen Volkskultur.

Auch wenn es wirklich Schadenszauber gab, so war doch zugleich die Tür weit offen für unbegründete Verdächtigungen und Denunziationen, denn »der Schatten der Folter lag schon auf der Angeklagten, bevor das erste Wort gesprochen war«.[145] Schadenszauber war der willkommene Anlass für einen weit darüber hinausgehenden Vernichtungsfeldzug gegen die Volkskultur und das in ihr lebendige Weltbild einer beseelten Natur. Aus den heidnischen Göttern wurden nun Dämonen, die es zu bekämpfen galt, vor allem aus den Göttinnen, die für Fruchtbarkeit standen. Auch wenn sie wie Diana jetzt die römischen Namen trugen: Sie waren es, denen die Frauen angeblich in den nächtlichen Flügen zum Hexensabbat folgten und dort dienten.[146]

---

143 Kosack, S. 328
144 Ginzburg, S. 111
145 Schormann, S. 44
146 Dazu Ginzburg S. 19, 104, auch: Aaron J. Gurjewitsch: »Teuflische Gewohnheiten«, in: Rainer Beck: Streifzüge durch das Mittelalter, München 1989, S. 141

»Zwar sind auch nicht wenige Männer in Hexenprozesse verwickelt worden«, sogar auch hingerichtet, »doch stellten insgesamt Frauen die überwältigende Mehrheit der Opfer.«[147] In der Magie steckte eben auch viel Wissen über Heilungen, und das war die Domäne der Frauen gewesen. Hildegard von Bingen war innerlich zerrissen von dem Konflikt zwischen den magisch-heidnischen Vorstellungen und dem Christentum.[148] Frauen hatten ohnehin eine untergeordnete Stellung: »[...] mit der grundsätzlichen Überzeugung von der Inferiorität der Frau stehen alle Konfessionen der Neuzeit in der antiken Tradition«,[149] und so ist es letztlich nicht überraschend, wenn der Kampf gegen die Naturreligion weitgehend auf dem Rücken der Frauen ausgetragen wurde.

Die Renaissance war auch das Zeitalter der Entdeckungen, der Eroberungen und des beginnenden Kolonialismus. Dabei zeigte sie ein weiteres hässliches Gesicht, als die Europäer im Wahn der Überlegenheit ihres Denkens mit dem Christentum auch die Zerstörung der Natur in andere Weltteile brachten. Schon Alexander von Humboldt hat von seinen Forschungsreisen nach Südamerika darüber berichtet.[150]

Das Gesicht der Renaissance, das uns die meisten Rätsel aufgibt, ist die Alchemie, die sich durch die Übersetzung arabischer Texte »seit dem 12. Jahrhundert über Spanien

---

147 Schormann, S. 21
148 Dazu Rüdiger Sünner, Wildes Denken, ab S. 174
149 Schormann, S. 117
150 Dazu: Andrea Wulf: Alexander von Humboldt und die Erfindung der Natur, München 2015

und Sizilien im Abendland verbreitet hat«[151] und insbesondere vom 14. bis ins 18. Jahrhundert eine wichtige Strömung der abendländischen Kultur darstellte. Als rudimentäre Vorform der Chemie und als spekulativer Hintergrund scheiternder Goldmacher wurde sie fast vollständig aus dem Gedächtnis der Kultur getilgt.

Tatsächlich gab es von Anfang an zwei unterschiedliche Zweige: »die praktische Alchemie der pflanzenkundlichen und metallurgischen Arbeit, der beispielsweise die moderne Chemie und Heilkunde einige Grundlagen verdanken, sowie [...] die sog. spekulative Alchemie, die [...] die Verwandlung der Elemente auch zu einem Spiegel seelischer Läuterung erklärt.«[152] Dieses Ineinander von Naturerforschung und Spiritualität ist eine überaus faszinierende Idee. Das »große Werk« im alchemistischen Laboratorium war niemals nur ein materieller Prozess, sondern hatte immer auch eine psychische, ja spirituelle Seite. Deswegen wurde 1714 auch gewarnt: »Niemand, der ein Betrüger, Geizhals oder sonst ein gottloser Bösewicht ist, greife dieses heilige Werk mit unsauberen Händen an.«[153] Nach Gold zu streben galt vielen Alchemisten als materialistisches Missverständnis, ging es doch um die »Läuterung bis zur Perfektion, der in materieller Hinsicht das Gold entspricht«.[154]

In der Alchemie finden wir ein analogisierendes, bildhaft-symbolisches Denken: Was im Laboratorium geschieht,

---

151 Jörg Völlnagel: Alchemie, München 2012, S. 10
152 Völlnagel, S. 11
153 Völlnagel, S. 133
154 Völlnagel, S. 59

wird bildhaft in Symbole übertragen, »die Vorgänge im Reagenzglas mit großem fantastischem Potenzial in erzählende Bilder«[155] überführt. Obwohl es in der Alchemie durchgehend benutzte Symbole gibt, ist es doch meist unmöglich, die Bilder ins Begriffliche zu übersetzen. »Die relative Uneindeutigkeit der Aussage wird dabei nicht nur billigend in Kauf genommen, sie ist geradezu intendiert, steht doch in der Alchemie Eindeutigkeit der enigmatischen Kraft ihrer Geschichten, der Vieldeutigkeit ihrer komplexen Bilder häufig entgegen.«[156]

Themen der Alchemie sind die Vereinigung der Gegensätze und der Prozess der Läuterung. Gedacht wird in Polaritäten wie Sonne – Mond (oder als Götter: Apoll – Diana)[157], Mann – Frau, und das Ziel ist die harmonische Vereinigung der Gegensätze. Das begründet auch die Vorliebe für die Darstellung von Hermaphroditen.

Der Weg der Läuterung geht auf den Archetypus »Stirb und werde« zurück – durch das Leiden, ja durch den Tod hindurch zu neuer, reinerer Gestalt wiedergeboren zu werden. Im 15. Jahrhundert verspürte man den »verbreiteten tief empfundenen Wunsch, die christliche Heilslehre von Passion und Tod des Gottessohnes zur Rettung des menschlichen Seelenheils mit entsprechenden alchemistischen Vorstellungen zu verbinden, die […] keinem anderen Ziele dienten als dem der seelischen Läuterung«.[158] Das spiegelt

---

155 Völlnagel, S. 63
156 Völlnagel, S. 13
157 Völlnagel, S. 218
158 Völlnagel, S. 42

sich in den alchemistischen Prozessen – da wird, analog zur Passion, von »der Marter der Metalle«[159] gesprochen. Erzählt wird auch die Geschichte eines Magiers, der »die Materie genauso aus der Gefangenschaft der niederen Entwicklungsstufe befreien kann, wie er die spirituellen Kräfte des Adepten zu läutern vermag«.[160]

Die Natur gilt als verbesserungsfähig – und man macht Experimente –, das ist gleichsam ein »moderner« Aspekt der Alchemie. Aber das dahinterstehende Weltbild ist ein neuplatonisches: »Der Mensch alleine genießt die Ehre, dass er an allem teilnimmt, […] Er hat Teil an der Materie […], an den Elementen durch seinen […] Körper, an den Pflanzen durch die vegetative Kraft; an den Tieren durch das Sinnenleben, an den Himmeln durch den ätherischen Geist […], an den Engeln durch seine Weisheit, an Gott durch den Inbegriff von allem […]«, schrieb Agrippa von Nettesheim.[161] Die Stufenleiter der »großen Kette des Seins« findet sich in zahlreichen alchemistischen Darstellungen, auch bei Nikolaus von Kues. Großen Einfluss auf die Alchemie hatte die Kabbala, die jüdische Mystik mit ihrer Vorstellung des »Sefiroth-Baumes«. Die Sefiroth »sind die zehn Namen, Attribute oder Potenzen Gottes und bilden einen pulsierenden Organismus, der das ›mystische Antlitz Gottes‹ oder ›Leib des Weltalls‹ genannt wird«.[162] »Die Sefiroth sind ein holistisches System, in dem das Ganze sich bis in die kleinsten Teile un-

---

159 Dazu: Alexander Roob: Alchemie und Mystik, Köln 2019, S. 179–187
160 Völlnagel, S. 60-61
161 Zitiert nach Roob, S. 430
162 Roob S., 262

endlich fortsetzt und spiegelt.«[163] Auch hier findet man die Verwandtschaft zur Idee von »Indras Netz«.

Ein rein männliches Gottesbild verträgt sich nicht mit der Idee der Vereinigung der Gegensätze. So stößt man in alchemistischen Darstellungen oft auf eine Dreieinigkeit mit Maria neben Gottvater und Sohn,[164] und Sophia spielt bei dem von der Alchemie noch stark beeinflussten Jakob Böhme eine wichtige Rolle.

Jedoch erwies sich das Verhältnis zwischen den Experimenten im Laboratorium und den bildhaft-symbolischen Deutungen nach und nach als prekär. Soll man das Laboratorium verlassen und in die Natur hinausgehen? Eine Darstellung zeigt einen Adepten, der aus dem Laboratorium heraustritt in die Natur, symbolisiert durch eine fast nackte junge Frau, geflügelt, mit einer Krone aus den Symbolen der Metalle und in einem Baum sitzend mit den »drei Wurzeln Mineralia, Vegetativa und Sensitiva«.[165] Und was geschieht im Laboratorium? Auch ist eine Klage der Natur »über ihre Vergewaltigung durch die Laborchymisten«[166] überliefert. Rembrandts Bild »Der Alchemist« (oder auch »Faust«) zeigt dagegen bereits einen Alchemisten ohne Labor.

So vollzog sich nach und nach die Trennung von praktischer und spekulativer Alchemie – die erste wurde zur wissenschaftlichen Chemie, die zweite zur Naturphilosophie. Jakob Böhme praktizierte nicht mehr im Labor, doch seine

---

163 Roob S., 265
164 Völlnagel, S. 44 und 45; Roob, S. 388
165 Roob, S. 408, auch Völlnagel, S. 22
166 Thomas Vaughan 1622–1666, zitiert nach Roob, S. 227

Schriften bedienen sich noch alchemistischer Symbole. Gewirkt hat er aber als Mystiker und Naturphilosoph, besonders stark auf die Romantiker.

Noch im 18. Jahrhundert war die Alchemie lebendig, und es erschienen weiterhin zahlreiche alchemistische Bücher. Dann wurde es stiller um sie, weil einerseits die materialistische Naturwissenschaft der materiellen Seite der Alchemie die Grundlagen entzog und andererseits die Naturphilosophie der Romantik in der Nachfolge von Böhme die spirituelle Seite weiterentwickelte.

Es bleiben viele Fragen. Carl Gustav Jung, der dem Thema »Psychologie und Alchemie« umfangreiche Schriften gewidmet hat, resümiert: »Es bleibt nun, eben wegen der Vermischung von Physischem und Psychischem, stets dunkel, ob die endgültigen Veränderungen im alchemistischen Prozess mehr im materiellen oder mehr im geistigen Gebiet zu suchen seien. Diese Frage ist aber eigentlich falsch gestellt. Es gab für jene Zeit kein Entweder-Oder, sondern es gab ein Zwischenreich zwischen Stoff und Geist, nämlich ein seelisches Reich subtiler Körper, denen sowohl geistige wie stoffliche Erscheinungsweise eignete. [...] Es gibt in der Alchemie sehr moderne Probleme, die aber auf einem anderen Gebiete als dem der Chemie liegen.«[167]

---

167 C. G. Jung: Psychologie und Alchemie, Ostfildern 2011, S. 322–323. Es wäre lohnend, sich der Alchemie und der »Signaturenlehre« von Paracelsus und Böhme mit einem an Lévy-Strauss und Descola geschulten anthropologischen und ethnologischen Blick zu nähern, damit die europäische Kultur überhaupt wieder eine Beziehung zu diesem Bereich ihrer Vergangenheit findet.

Der Kosmotheismus des 18. Jahrhunderts

»Alles was ist, ist in Gott, und nichts kann ohne Gott sein, noch begriffen werden.« Etwas später heißt es, »dass die ausgedehnte Substanz eines der unendlich vielen Attribute Gottes ist.«[168] Diese Sätze aus seiner *Ethik* haben Baruch (später nannte er sich Benedictus) de Spinoza (1632–1677) zu einem ebenso einflussreichen wie gefährlichen Denker werden lassen. Einflussreich, weil er die Lehre des »All-Einen« (»Hen kai pan«) weiterentwickelte, die besonders im 18. Jahrhundert von vielen Denkern aufgegriffen wurde, und gefährlich deshalb, weil man sich beim Bekenntnis zu Spinoza dem Verdacht des »Atheismus« oder des »Pantheismus« aussetzte, was einen das Lehramt kosten konnte.[169] Dabei lag es Spinoza fern, Gott auf die sichtbare Natur zu reduzieren, insofern wäre seine Position angemessener mit »Panentheismus« oder eben »Kosmotheismus« zu beschreiben.

Ein Gespräch ist überliefert, das von Goethes Gedicht »Prometheus« seinen Ausgang nahm. Gotthold Ephraim Lessing sagte zu Friedrich Heinrich Jacobi: »Die orthodoxen Begriffe der Gottheit sind nicht mehr für mich. [...] Hen kai pan! Ich weiß nichts anders.« Auf die Nachfrage von Jacobi, ob er (Lessing) denn mit Spinoza einverstanden wäre: »Wenn ich mich nach jemand nennen soll, so weiß ich keinen andern.«[170]

---

168 Spinoza: Die Ethik, Schriften, Briefe, Stuttgart 1966, S. 14 und 15
169 Friedrich Bülow, in: Spinoza, S. XXXI
170 Zitiert nach: Jan Assmann, Religio duplex. Ägyptische Mysterien und europäische Aufklärung, Berlin 2010, S. 15–16

Man musste aber vorsichtig sein, den Namen Spinoza zu erwähnen, deswegen drehte sich die Diskussion über den Kosmotheismus im 18. Jahrhundert unter Umgehung des Namens Spinoza um die Frage, ob Moses ein Ägypter gewesen sei, der neben der Religion für das Volk mit ihren Zehn Geboten auch die kosmotheistische ägyptische Religion für die Eingeweihten überliefert habe. Damit konnte der Kosmotheismus als ägyptische Weisheit erscheinen, ohne in Widerspruch zur jüdisch-christlichen Tradition zu geraten, und das hat eine Welle von Ägypten-Verehrung ausgelöst. Ihre schönste Blüte ist die Oper »Die Zauberflöte« von Mozart, die eine Einweihung in die ägyptischen Mysterien[171] darstellt, wie man sie sich in Kreisen der Freimaurer vorstellte, zu denen viele Künstler und Philosophen gehörten, eben auch Mozart. Friedrich Schiller hat sich mit der Schrift *Die Sendung Moses* an der Debatte beteiligt, und Goethes Denken und Dichten ist tief im Kosmotheismus verwurzelt.

Doch nicht nur Goethe und Schiller, auch Mozart und Beethoven (der sich zentrale Stellen aus Schillers Schrift abschrieb und unter Glas gerahmt auf seinen Schreibtisch stellte),[172] Hölderlin und Novalis waren Anhänger des Kosmotheismus, sodass Assmann schreiben konnte: »Mit [...] Schiller erreicht die Moses-Debatte eine Ebene, auf der sie zur Religion der gebildeten Aufklärung wird. [...] Wer zeigen konnte, dass auch die biblische Offenbarung auf nichts anderes als auf die Kernsätze altägyptischer Mysterienweisheit hinauslief, riss die Schranken zwischen Chris-

---

171 Dazu: Jan Assmann: Die Zauberflöte, München 2005
172 Dazu: Assmann, Moses, S. 182–183

ten, Juden, Muslimen und Heiden ein und legte eine Einsicht frei, die alle Menschen zu Brüdern macht.«[173]

Man versuchte, die geoffenbarte Religion (das Christentum) und die natürliche Religion (den Kosmotheismus) zu verbinden[174] – die Kirchen beider Konfessionen wollten da allerdings nicht folgen. Gern wurde unterstellt, der Kosmotheismus sei die Wiederkehr des Polytheismus, der Naturgötter und des Heidentums. Nichts wird den Philosophen und Dichtern im 18. Jahrhundert ferner gelegen haben, als antike oder germanische Götter als Objekte der Verehrung und Anbetung zu restituieren. Die Idee des »All-Einen« ist vielmehr eine reifere Art des Monotheismus, weil das Gottesbild vollständiger ist als das eines Theismus, der einen außerweltlichen Schöpfergott annimmt, vollständiger, weil er die Natur als eine der Manifestationen Gottes einschließt.

Im Zusammenhang mit Spinoza und dem Kosmotheismus fällt schon 1699 bei Johann Georg Wachter der Ausdruck »die Weltwerdung Gottes«,[175] der den christlichen Gedanken der »Menschwerdung Gottes« weiterdenkt. Novalis schrieb: »Wenn Gott Mensch werden konnte, kann er auch Stein, Pflanze, Tier und Element werden [...]«,[176] sich also in der gesamten Natur verkörpern oder manifestieren.

---

173 Assmann, Moses S. 183
174 Dazu Assmann, Religio duplex, Berlin 2010
175 Nach Assmann, Moses S. 262
176 Novalis: Die Lehrlinge zu Sais, Gedichte, Fragmente, Stuttgart 1960, S. 118

Die Lehre der Kirche beschränkt die Menschwerdung auf ein einmaliges historisches Ereignis, auf Jesus von Nazareth, während die Mystiker lehrten, dass Gott in jedem Menschen geboren werden kann: »Ach Freude! Gott wird Mensch, und ist auch schon geboren! Wo da? In mir: Er hat zur Mutter mich erkoren.«[177] So dichtete Angelus Silesius, der auch sagte: »Ich auch bin Gottes Sohn [...]«[178] Für die Mystiker des Christentums gibt es keine Trennung von Mensch und Gott, und besonders für Jakob Böhme, den die Romantiker neu entdeckten, auch keine von Gott und Natur.

Individualität und innere Welt

Angehörige einer westlichen Kultur sind in der Regel außerstande, andere Kulturen zu verstehen, in denen Naturverehrung, Schamanismus und Magie lebendig sind. Aber fast genauso groß ist das Problem, die eigene fernere Vergangenheit zu verstehen. Das liegt vor allem daran, dass sich das Verhältnis von Innen und Außen verändert hat – im Verhältnis zur Natur und zu anderen Menschen, und das betrifft die Frage nach der Individualisierung.

Bezogen auf das vormittelalterliche Europa, schreibt Aaron J. Gurjewitsch: »Vor uns erstehen ganz archaische Vorstellungen, bei denen der Mensch von sich in denselben Begriffen wie von der Außenwelt denkt und keine Loslösung von ihr empfunden hat. Mit anderen Worten: Seine

---

177 Angelus Silesius: Cherubinischer Wandersmann, Stuttgart 1984, S. 148 (3. Buch, Nr. 238)
178 Silesius, S. 29 (1. Buch, Nr. 17)

Beziehungen zur Natur sind nicht auf das Verhältnis von Subjekt und Objekt aufgebaut, sondern er geht von der Überzeugung aus, dass der Mensch und die Natur in innerer Einheit und wechselseitiger Durchdringung stehen, dass sie im Wesen verwandt und durch Magie verbunden sind.«[179] Die allmähliche Entfaltung einer inneren Welt wird sich in den Kulturen unterschiedlich vollzogen haben. Im Judentum erfolgte der Schritt zur Selbstwahrnehmung und zur persönlichen Verantwortung im Zusammenhang mit dem Schritt von den Naturgottheiten zum *einen* unsichtbaren Gott mit seinen Zehn Geboten, denn dieser konnte nur im Inneren erfahren werden. Wenn Jesus fragt: »Denn was hilft es einem Menschen, die äußere Vielfalt und Fülle zu kennen, aber kein inneres Leben zu haben?«,[180] dann wird deutlich, dass sich hier die Trennung von Innen und Außen längst vollzogen hat. Jesu Rede vom Splitter im Auge des anderen und dem Balken im eigenen[181] ist eine klare Aufforderung zur Selbstwahrnehmung und Selbstdistanzierung.

Auch wenn die Lehre von der Erbsünde das westliche Christentum belastet hat, so war andererseits Augustinus ein Genie der Introspektion und hat damit eine für die westliche Kultur wertvolle Tradition begründet. »Der Einzelne wendet sich ganz nach innen, um dort, in seiner inneren Erfahrung, die Zusage seiner Rechtfertigung[182] zu vernehmen. Der Weg

---

179 Gurjewitsch, in: Streifzüge S. 135
180 Nach Douglas-Klotz, S. 140
181 Matthäus 7, 3–5
182 Rechtfertigung vor Gott angesichts der eigenen Sünden

zu einer Innerlichkeit war beschritten, der sich später im Hochmittelalter bis zur mystischen Erfahrung verdichten konnte und die Individualisierung vertiefte.«[183]

Nun betraf das damals nur wenige; die allermeisten Menschen im Mittelalter waren im Denken und Handeln noch ganz vom Stand und sozialen Status, von Regeln und tradierten Zeremonien bestimmt. »Wo es den Gegensatz zwischen innen und außen nicht gibt, kann das Zeremoniell keine ›bloße Äußerlichkeit‹ sein.«[184] Nur scheinbar paradox ließe sich sagen: Das Äußerliche hatte mehr innere Substanz, als wir von heute aus vermuten. Durch die Beichte allerdings wurde die Introspektion für alle zur Pflicht, denn bald ging es in der Beichte nicht nur um Handlungen, sondern auch um das Innere, um die Gesinnung und die Motive der Handlungen. »Immer wieder wurden die Gläubigen aufgefordert, nicht nur ihre sündhaften Handlungen zu bekennen, sondern auch ihre Gedanken offenzulegen und in ihr Herz zu blicken.«[185]

Das Hauptwerk von Petrus Abaelardus, einem der wichtigsten Philosophen des 12. Jahrhunderts, trug den Titel *Erkenne dich selbst* – genau wie die Inschrift des Apollo-Tempels in Delphi. So »wird der freiwilligen Selbstreflexion als erste Stufe religiösen Aufstiegs besondere Aufmerksamkeit

---

183 Karl-Heinz Ohlig: Christentum – Individuum – Kirche, in: Richard van Dülmen (Hrsg.): Entdeckung des Ich. Die Geschichte der Individualisierung vom Mittelalter bis zur Gegenwart, Köln 2001, S. 16

184 Michael Sonntag: »Das Verborgene des Herzens« – Zur Geschichte der Individualität, Reinbek 1999, S. 71

185 Peter Dinzelbacher: Das erzwungene Individuum. Sündenbewusstsein und Pflichtbeichte, in: van Dülmen, S. 52

gewidmet«. Erwartet wird »eine tiefere Introspektion [...] als Voraussetzung geistig-geistlichen Aufstiegs«.[186]

Seit der frühen Renaissance zeigt die bildende Kunst Interesse am individuellen Menschen, in Bildnis und bald auch Selbstbildnis, und die Künstler selbst traten aus der Anonymität heraus. Allerdings sollte man sich davor hüten, »die Geschichte der Individualität« als »langanhaltende Genese heutiger Individualitätsformen«[187] zu lesen. Es gibt nicht nur in verschiedenen Kulturen, sondern es gab auch in der europäischen Entwicklung unterschiedliche Konstellationen von Ich, den Anderen und der Natur. So sind es ganz unterschiedliche Fragen: Seit wann gibt es so etwas wie Individualität? Oder aber: Seit wann wird sie für wichtig gehalten und thematisiert, auch in Literatur und Kunst? Seit wann gibt es eine innere Welt, oder gibt es sie erst, wenn das Innere als Inneres bewusst erlebt wird? Wir dürfen nicht vergessen, dass die Fähigkeit zur Introspektion, zur Selbstwahrnehmung und Selbstdistanz schon länger vorhanden und mit der Vorstellung von »Weisheit« verbunden war. Selbstdistanz und »Affektkontrolle« (Norbert Elias) sind Voraussetzungen innerer Reife: Die Wirkung des eigenen Verhaltens auf andere mit zu bedenken, spontane Wünsche im Interesse längerfristiger Ziele unterdrücken zu können oder ihre Erfüllung zu verschieben – das sind Fähigkeiten, die dem Menschen Autonomie und Selbstverantwortung ermöglichen, anstatt Sklave momentaner Impulse und Triebe zu sein. Trotzdem greift die Analyse von Elias in seiner Studie »Der

---

186 Dinzelbacher, in: van Dülmen, S. 44
187 Sonntag, S. 20

Prozess der Zivilisation« zu kurz, weil er Selbst- und Affektkontrolle nur als Verinnerlichung der von außen kommenden Normen nach dem Modell von Sigmund Freuds »Überich« denken kann, wo doch Selbstkontrolle ebenso gut ihre Wurzeln in der Empathie finden kann: sich in andere hineinzuversetzen und zu spüren, was zu tun oder zu lassen sei, ja, die Leiden anderer als eigene zu fühlen.

Michael Sonntag schreibt: »Wenn [...] die amerikanische Psychologin Janet T. Spence ›Individualismus‹ als den Glauben fasst, ›dass jeder von uns eine Einheit‹ sei, die ›getrennt von jeder anderen und von der Gruppe‹ existiert, sodass jedes Selbst seine Grenzen an der Körperhaut hat, die Selbst und Nicht-Selbst scharf trennt, dann mag damit die vorherrschende Weise bezeichnet sein, in der man heute in westlichen Kulturen Individualität praktiziert und sich selbst als Individuum erlebt.«[188] Aber dieses Bild vom Individuum ist das Ergebnis »einer Reduktion, einer Abstraktion von seinen sozialen Beziehungen«[189] – und, so sollte man hinzufügen, von seiner Verbundenheit mit der Natur.

Eine reiche und reife Individualität entsteht in Beziehungen und in Verbundenheit und ist etwas ganz anderes als das Aufgehen des Individuums in einem Kollektiv, denn »die Erfahrung des Selbst als einen Raum, in dem das Ich bestimmt und niemand und keine andere Instanz sonst«,[190] ist Voraussetzung für Selbstverantwortung und für eine »Autonomie in Verbundenheit«. »Nur ein starkes Individuum kann sich

---

188 Sonntag, S. 17–18
189 Sonntag, S. 19
190 Kosack, S. 357

einer selbst gewählten Gemeinschaft wieder öffnen und das Erleben des Einsseins mit anderen und mit der Welt selbstbestimmt erfahren.«[191] Von einer solchen »Individualität-in-Verbundenheit«[192] aus könnte eine Annäherung an die eigene ferne Vergangenheit und an andere Kulturen gelingen, ohne Errungenschaften wie Selbstwahrnehmung, Selbstverantwortung und den Reichtum einer inneren Welt aufgeben zu müssen – sie lässt die unsichtbaren Mauern durchlässiger werden, die zwischen dem Ich und dem Anderen, zwischen Mensch und Natur bestehen.

Theorien der Bewusstseinsevolution

Führt die Anerkennung kultureller Verschiedenheit zu einem pluralistischen Relativismus? Muss man eine Kultur, in der Schadenszauber üblich ist, blutige Initiations- und Beschneidungsriten praktiziert werden oder Frauen rechtlos sind, auf eine Ebene stellen mit modernen westlichen Gesellschaften? Oder sollte man anders fragen: Muss man Kulturen, die mit der Natur in Einklang leben, mit Gesellschaften gleichsetzen, die dabei sind, ihre natürlichen Grundlagen zu zerstören? Wie sieht es aus mit Ideen von Fortschritt und Entwicklung?

Die große Kette des Seins, wie wir sie in der Renaissance bei Pico della Mirandola finden, geht ja über die Ebene von Vernunft noch hinaus zur Weisheit (symbolisiert durch die

---

191 Kosack, S. 358
192 Dazu: Wolfgang-Andreas Schultz: Die Heilung des verlorenen Ichs – Kunst und Musik in Europa im 21. Jahrhundert, München 2018

Engel) und zum Einswerden mit Gott. Das ist auf die Entwicklung des einzelnen Menschen bezogen – doch wie weit kann man das auf geschichtliche Entwicklungen übertragen? Bei Karl Philipp Moritz, einem Schriftsteller aus der Zeit der Aufklärung und des Kosmotheismus des 18. Jahrhunderts, lesen wir: »Höher aber kann die Menschheit sich nicht heben, als bis auf den Punkt hin, wo sie durch das Edle in der Handlung, und das Schöne in der Betrachtung, das Individuum selbst aus seiner Individualität herausziehend, in den schönen Seelen sich vollendet, die fähig sind, aus ihrer eingeschränkten Ichheit, in das Interesse der Menschheit hinüber schreitend, sich in die Gattung zu verlieren.«[193] Die eigene Perspektive relativieren können, andere Perspektiven einnehmen können, die anderer Menschen, anderer Kulturen, anderer Lebewesen – wäre von daher eine wünschbare Entwicklung der Menschheit denkbar? Lessing sprach in *Die Erziehung des Menschengeschlechts* von derjenigen »Reinigkeit des Herzens, [...] die uns, die Tugend um ihrer selbst willen zu lieben, fähig macht«.[194] Fortschritt wäre demnach einer der Sittlichkeit, die nicht von der Aussicht auf eine Belohnung oder von Angst vor Strafe motiviert wäre. Die Tragik Europas liegt darin, bald nur noch den technischen Fortschritt zum Maßstab zu nehmen, so »dass die Fähigkeit des Menschen, Maschinen zu bauen, als sicheres Maß zur Bestimmung des Zivilisationsgrades herangezogen werden kann«.[195]

---

193 Karl Philipp Moritz: Über die bildende Nachahmung des Schönen, in: Beiträge zur Ästhetik, Mainz 1989, S. 70
194 Gotthold Ephraim Lessing: Die Erziehung des Menschengeschlechts, Stuttgart o.J., S. 27 (§ 80)
195 Fontana, S. 164

Doch nicht nur die inhaltliche Ausrichtung auf das Materielle ist das Problem dieser Fortschrittserzählung, sondern auch ihre schlichte lineare Struktur: Das Neue (und vermeintlich Bessere) ersetzt das Alte, die Entwicklung schreitet von A nach B, während ein evolutionäres, die Kontinuität einbeziehendes Denken die Formel »von A nach A + B« bevorzugt. »Das Alte wird vom Neuen nicht verdrängt, sondern lebt in vielfältigen Verbindungen darin weiter.«[196]

Jean Gebser hat in *Ursprung und Gegenwart* eine Deutung vorgelegt, der zufolge in der Entwicklung des menschlichen Bewusstseins zwar zunächst die Entwicklungsstufen »archaisch, magisch, mythisch und rational« so aufeinander folgen, dass die neue Ebene die jeweils vorausgehende verdrängt, dass es aber die Aufgabe der nun folgenden »integralen Stufe« sei, die früheren Ebenen zu einer neuen Qualität integrierend zusammenzuführen. Ken Wilber geht noch weiter und sieht in der Ausgrenzung und Dämonisierung älterer Entwicklungsstufen, wie sie seit der Renaissance zu beobachten waren, eine pathologische Entwicklung mit der Folge einer verzerrten Wahrnehmung der eigenen Kultur wie auch anderer Kulturen. Soll es nicht zu problematischen Fehlentwicklungen kommen, muss jede neu in Erscheinung tretende Ebene die vorausgehenden umschließen, weshalb er statt von der »Kette« des Seins lie-

---

[196] Jan Assmann: Die Achsenzeit – Zur Geschichte einer Idee, in: Polylog 38, Wien 2017, S. 30

ber von einem »Nest« spricht,[197] dargestellt nicht als Linie, sondern als immer größer werdende Kreise, die alle kleineren umschließen. Dabei kann es zwar immer wieder vorkommen, dass im Überschwang der Begeisterung über neue Entdeckungen ein »B statt A« propagiert wird, dass dann aber der Schritt zu »A + B« als nachholende Integration folgen muss, wenn es nicht zu problematischen Fehlentwicklungen kommen soll.[198]

Wilber liest nämlich die große Kette des Seins, die im Mittelalter als statische Hierarchie gedacht wurde, auch als natur- und menschheitsgeschichtliche Entwicklung, wobei sie in dem Sinne ausdifferenziert wird, dass sich die biologische Evolution in der Evolution des menschlichen Bewusstseins fortsetzt. Deshalb finden wir in der Entwicklung des Bewusstseins mehr Stufen als in der traditionellen Darstellung der Kette, jetzt entsprechend den Erkenntnissen der westlichen Entwicklungspsychologie. Im Gegensatz zu Gebser versucht Wilber jedoch, die höheren Bewusstseinsstufen einzubeziehen, die – nach alter Lesart – Ebene der »Engel« und des »Einswerden mit Gott«. Zu ihrer Beschreibung bedient er sich vor allem der Begriffe aus Hinduismus und Buddhismus, denn anders als die westliche Kultur, in der die Erforschung der äußeren Welt immer stärker in den Vordergrund rückte, haben sich fernöstliche Kulturen mehr den inneren Entwicklungen zugewandt und diese genau be-

---

[197] Ken Wilber: Integrale Psychologie, Freiamt 2001, S. 21. Schon bei Moritz findet man diesen Gedanken: »Dabei ergreift jede höhere Organisation, ihrer Natur nach, die ihr untergeordnete, und trägt sie in ihr Wesen über.« (S. 60).
[198] Dazu: Ken Wilber: Halbzeit der Evolution, München 1988

schrieben. So ist Wilbers Modell neben dem von Sri Aurobindo[199] eines der wenigen, die auch die höheren Stufen der »großen Kette« beschreiben.

»Holon« ist ein von Arthur Koestler geprägter wissenschaftlicher Begriff, den Wilber auf die Stufen der »großen Kette« anwendet: »Ein Holon ist ein Ganzes, das Teil eines anderen Ganzen ist. […] Da jedes Holon von größeren Holonen umfasst ist, existieren Holone selbst in aus Nestern gebildeten Hierarchien – oder Holarchien.«[200] Wilber betont zwar immer wieder die Notwendigkeit der Integration früherer Bewusstseinsformen und führt diesen Gedanken, beginnend mit der mythischen Ebene, differenziert aus, bleibt aber Überlegungen schuldig, wie der Animismus der indigenen Kulturen und die frühen »magischen« Stufen einer jeden Kultur in seiner integralen Weltsicht Platz finden können. Bildhaft-symbolisches Denken, Schamanismus, »Subjektivierung« im Sinne von Viveiros de Castro sind keine zu überwindenden Irrtümer, sondern Mittel eines anderen Zugangs zur Natur. Hier zeigt sich, dass seine Theorie noch nicht so kulturübergreifend ist, wie sie es beansprucht.

Die Idee einer »großen Kette des Seins« allerdings kann man in vielen Kulturen antreffen. Aus Indien wird der Spruch überliefert: »Gott schläft im Stein, atmet in der Pflanze, träumt im Tier und wacht auf im Menschen.«[201] In dieser Gemeinsamkeit liegt die Chance für die verschiedenen Kul-

---

199 Sri Aurobindo, indischer Dichter, Philosoph und Yogalehrer
200 Wilber: Integrale Psychologie, S. 23
201 Zitiert nach: Eckart Pilick: Gott schläft im Stein, in: Holger Schleip (Hrsg.): Zurück zur Natur-Religion?, Freiburg 1986, S. 248

turen, sich auf gemeinsame Werte zu verständigen – das ist die Idee der »Stiftung Weltethos«. Die Vorstellung der Verbundenheit von allem mit allem ist auch in fast allen Kulturen zu finden, nur die westliche scheint sie zeitweise vergessen zu haben. So konnte die »Erklärung zum Weltethos des Parlaments der Weltreligionen in Chicago (am 4.9.1993) mit den Worten eröffnet werden: »Wir sind alle voneinander abhängig. Jeder von uns hängt vom Wohlergehen des Ganzen ab. Deshalb haben wir Achtung vor der Gemeinschaft der Lebewesen, der Menschen, Tiere und Pflanzen, und haben Sorge für die Erhaltung der Erde, der Luft, des Wassers und des Bodens.«[202]

Will man über dieses Bekenntnis hinaus die höheren Ebenen der großen Kette bzw. der Bewusstseinsevolution beschreiben, und damit auch ein denkbares Ziel menschlicher Entwicklung (jedes Einzelnen und vielleicht sogar der Menschheit als ganzer …), wird man um Begriffe wie »Weisheit« und »Spiritualität« kaum herumkommen.

Weisheit könnte bestimmt werden als die Fähigkeit zur Selbstwahrnehmung und Selbstdistanz, als Fähigkeit, die Perspektive anderer menschlicher und nichtmenschlicher Wesen einzunehmen, was Mitgefühl einschließt, und die Fähigkeit, persönliche Verantwortung zu übernehmen für das eigene Handeln und dessen Folgen.

»Spiritualität ist die bewusste Formung des Bewusstseins durch sich selbst, sie ist die schöpferische Entdeckung der noch unentdeckten Möglichkeiten, die im menschlichen Be-

---

202 Zitiert nach: Hans Küng: Handbuch Weltethos, München 2012, S. 173

wusstsein liegen, vor allem der Möglichkeit zu einer transpersonalen und alles umfassenden Einheitserfahrung.«[203] Spiritualität bedeutet auch, sich mit einem transzendenten Größeren verbunden zu fühlen und dieses in oder hinter seinen Manifestationen erfahren zu können.

Gesichter einer zweiten Renaissance

Blicken wir noch einmal zurück auf die Renaissance, und zwar auf die erste! Bezieht man alles ein, was in dieser Zeit gedacht und geglaubt wurde, so bietet sich ein buntes und widersprüchliches Bild: Neben dem Aufblühen der rationalen, materiell orientierten Naturwissenschaft steht die Entdeckung der hermetischen Philosophie des Hermes Trismegistos, neben der kirchlichen Lehre vom Schöpfergott die neuplatonische All-Einheit-Lehre, neben der mathematisierten Natur die Idee einer Weltseele, und – gerade in ländlichen Gegenden – die noch lebendige Naturreligion mit Magie und Zauber – und irgendwie zwischen allem die Alchemie …

Angesichts der Tatsache, dass – von untergründig weiterwirkenden Strömungen wie etwa der Theosophie abgesehen – letztlich nur die materialistische Naturwissenschaft

---

203 Michael von Brück: Interkulturelles Ökologisches Manifest, Freiburg–München 2020, S. 48. Harald Walach beschreibt Spiritualität als »explizites Bezogensein auf eine über das eigene Ich und seine Ziele hinausgehende Wirklichkeit […], das ganzheitlich Erkennen, Affekt und Emotion, Motivation und Handeln durchdringt.« (Zitiert nach: Markus Hänsel: Achtsam den Wandel begleiten, in: Bewusstseinswissenschaften, 26. Jahrgang, 2020/1, S. 49–50)

und der Theismus der beiden großen christlichen Konfessionen übrig geblieben sind, ein Theismus, der den außerweltlichen Schöpfergott lehrt, kann man beim Nachdenken über die eigene kulturelle Vergangenheit vermuten, »dass wir auf eine ganze Reihe von nicht verwirklichten, aber auch nicht zerstörten Hoffnungen stoßen«, wie Antonio Machado schrieb.[204]

Der französische Philosoph François Jullien lernte Chinesisch, nicht nur, um eine ganz andere Art des Denkens kennenzulernen als das in europäischen Sprachen mögliche, sondern auch, um den Blick zurück nach Europa zu wenden, um dort aufzuspüren, was zwar angelegt war, sich aber nicht entfalten konnte.[205] Ein Beispiel mag das illustrieren: In dem Buch *Theosophia practica* von Johann Georg Gichtel (zuletzt 1779 wiederaufgelegt) finden wir die Darstellung eines Menschen als Mikrokosmos, dem die Sterne und Elemente als Makrokosmos zugeordnet sind an den Stellen, wo sich nach indischer Lehre die sieben Chakren befinden.[206] Das stammt aus der alchemistischen Tradition, und Europa musste nach Indien pilgern, um es neu zu lernen.

Möglicherweise hat Europa in den letzten 200 Jahren mehr von dem vergessen, was Mensch und Natur verbindet, als das Mittelalter vom Erbe der Antike. Aber der Blick zu

---

204 Zitiert nach Fontana, S. 203
205 Dazu: Das neue Gemeinsame – Bruno Latour im Gespräch mit François Jullien, in: Lettre International, Frühjahr 2008, S. 63
206 Dazu: Johann Munzer: Involution und Evolution des GEISTES und die Rolle der Archetypen, in: Transpersonale Psychologie und Psychotherapie, 9. Jahrgang 2003, Nr. 1, ab S. 72, die Abbildung auf S. 77, auch bei Roob, S. 449

anderen Kulturen kann helfen, nach Verlorenem, Verborgenem und Verdrängtem in der eigenen Kultur zu suchen.

Um frei zu werden für eine solche Spurensuche, muss man sich vor allem vom linearen Geschichtsdenken lösen. Der Glaube, alles, was sich durchsetzte (oder durchgesetzt wurde), sei das Beste und hätte sich folgerichtig und zwangsläufig so entwickelt, führt zu einer Fehlinterpretation. Sie muss durch eine Einstellung ersetzt werden, »die das komplexe Zusammenspiel von verschiedenen sich verflechtenden, trennenden und kreuzenden Linien […] zu untersuchen weiß, an denen man zwischen verschiedenen Richtungen wählen konnte und nicht immer jene einschlug, die zum Wohle der großen Mehrheit war, sondern die, die jenen gesellschaftlichen Gruppen am gelegensten kam, die die erforderliche Überzeugungskraft und die nötigen Machtmittel an der Hand hatten, sie durchzusetzen.«[207]

Nötig ist also eine mehrdimensionale Geschichtsschreibung, die alle Strömungen einbezieht, parallele Entwicklungen und nicht zur Entfaltung gekommene Keime. Damit wird auch dem Begriff des Fortschritts, so wie er in Wissenschaft und Technik, aber auch in weiten Bereichen der Kultur üblich ist, die Grundlage entzogen. Allerdings soll nicht geleugnet werden, dass es in bestimmter Hinsicht und in bestimmten Bereichen Entwicklungen gegeben hat, die man als Fortschritt bezeichnen kann, vorausgesetzt, es wird inhaltlich bestimmt, was mit Fortschritt gemeint ist, im Kontext einer Verständigung, wie »gutes Leben« aussehen könnte – und was der mögliche Preis eines solchen Fortschritts sein könnte.

---

207 Fontana, S. 205

Im Hinblick auf die Verbesserung der materiellen Lebensbedingungen, im Bereich der Medizin, auch was politische Errungenschaften wie Meinungsfreiheit, Gewaltenteilung und Demokratie betrifft, gab es bestimmt Fortschritte, aber der technische Fortschritt, zumindest mit den bisherigen Technologien, hatte den Preis der Trennung von der Natur und ihrer Ausbeutung. Und von der Zeit an, als die Europäer mit der Kolonisation anderer Erdteile begannen, hatte er auch den Preis der Zerstörung anderer, durchaus hochstehender Kulturen. »Sowohl in Mittelamerika als auch in der Andenregion hatten sich hochstehende Zivilisationen entwickelt, die der spanischen Renaissance und dem noch der mittelalterlichen Scholastik verhafteten religiösen Denken der Eroberer in nichts nachstanden.«[208] Der Kampf gegen das Heidentum und gegen jegliche Art der Naturverehrung wurde in den kolonisierten Gebieten fortgesetzt, ihre Natur wurde ausgebeutet wie auch die Arbeitskraft der dort lebenden Menschen. Der Preis für die Fortschritte der Naturwissenschaften seit der Renaissance war letztlich die »Entheiligung« der Natur. Die europäische Kultur begann in der Renaissance, viele ihrer lebenswichtigen Wurzeln zu kappen, die Wurzeln einer lebendigen und beseelten Natur, und es wird Aufgabe einer zweiten Renaissance sein, sich wieder mit diesen Wurzeln zu verbinden.

Entscheidend war wohl die Lesart des Christentums, die im »Paradigma der Schöpfung« Gott von der Natur getrennt hat und unter dem Einfluss von Augustinus ein Menschen-

---

208 Josef Estermann: Apu Taytayku. Religion und Theologie im andinen Kontext Lateinamerikas, Ostfildern 2012, S. 22

bild prägte, das mit der Natur auch die Natur im Menschen, den menschlichen Körper, entwertete. Von einem Augustiner namens Martin Luther war in dieser Hinsicht keine Änderung zu erwarten. Seine Reformation verstärkte noch die problematischen Seiten des Christentums, die patriarchale Dominanz durch Ablehnung der Marien-Verehrung, die Stärkung der rationalen Elemente durch Konzentration auf das Wort und die Verdammung aller naturreligiösen Bräuche einschließlich der Befürwortung der Hexenverfolgung.

In den ersten nachchristlichen Jahrhunderten gab es eine Vielzahl von Auffassungen der christlichen Lehre. Die Entscheidungen, die dann im Weströmischen Reich fielen, als das Christentum zur Staatsreligion wurde, müssen für uns heute nicht mehr bindend sein.

Will man den Gedanken einer »zweiten Reformation« versuchsweise weiterspinnen, wären deren Elemente zunächst der Bezug auf die aramäischen Urtexte und die Einbeziehung nicht kanonisierter Quellen, der damals als »häretisch« verurteilten Texte wie etwa das Thomas-Evangelium. Ebenso wichtig aber wären die Hinterfragung spezifisch westlicher Entwicklung wie die Lehre von der Erbsünde sowie Kenntnis und Akzeptanz der östlichen Formen des Christentums als Quelle für eine mögliche Neuinterpretation der christlichen Lehre. Schließlich wäre die Frage zu diskutieren, ob das »Paradigma Manifestation« nicht genauso auf dem Boden des Christentums denkbar ist, wie die neuplatonischen Traditionen im Christentum zeigen und wie es im 20. Jahrhundert Teilhard de Chardin bestätigt, wenn er seinem Essay *Das kosmische Leben* das Motto voranstellt: »Es gibt eine Kommunion mit Gott und es gibt eine Kommunion mit der Erde und es gibt eine Kommunion mit Gott durch die Erde.«[209] Das »Paradigma Manifestation«, die Gegenwart Gottes auch in der Natur, schließt ja »Schöpfung« im Sinne einer zeitlichen Entfaltung der Ur-Einheit in die Vielheit nicht aus – entlang der »großen Kette des Seins«, wie sie in der Schöpfungsgeschichte der Bibel bereits vorgedacht ist.[210] Meister Eckhart denkt Schöpfung und Manifestation zusammen als Wandlung Gottes im Prozess der Schöpfung: »[…] ehe die Kreaturen waren, war Gott noch nicht ›Gott‹, vielmehr: er war, was er war.« Das ist das »Ich bin, der ich bin« in der dritten Person – auf Gottes Vergangenheit vor der Schöpfung bezogen, vor seiner Entfaltung zum »Ich bin alles, was ist«. Eckhart drückt das so aus: »Als die Kreaturen aber wurden und sie ihr geschaffenes Wesen empfingen, da war Gott nicht in sich selber ›Gott‹, sondern in den Kreaturen war er ›Gott‹.«[211]

---

209 Zitiert nach: Johannes Hemleben: Teilhard de Chardin, Reinbek 1966, S. 49
210 Darüber hinaus wären für eine Neuausrichtung des Christentums wichtig eine Schulung der Selbstwahrnehmung und weniger Gewicht auf Sünden zu legen, vielmehr die Fragen von Schuld und Vergebung nicht nur »vertikal« als Übertretung göttlicher Gebote, sondern auch »horizontal« als Schädigung eines Mitmenschen zu behandeln.
211 Predigt 52, in: Josef Quint und Niklaus Largier (Hrsg.): Meister Eckhart, Werke 1, Frankfurt a. M. 2008, S. 555. Papst Franziskus balanciert diplomatisch zwischen Schöpfung und Manifestation, wenn er in seiner Enzyklika »Laudato si« die Gebete beginnt: »Allmächtiger Gott, der du in der Weite des Alls gegenwärtig bist und im kleinsten deiner Geschöpfe […]« und »Wir preisen dich, Vater, mit allen Geschöpfen, die aus deiner machtvollen Hand hervorgegangen sind. Dein sind sie und erfüllt von deiner Gegenwart und Zärtlichkeit, […], Rom 2015, Abschnitt 246

Damit die Lebendigkeit, Beseeltheit, ja Göttlichkeit der Natur nicht nur eine intellektuelle Erkenntnis bleibt, sollte der »zweifache Blick« eingeübt werden, eben auch die »Subjektivierung« bzw. »Personalisierung«, um die nicht materiellen Ebenen der Natur, ihre Lebendigkeit, ihren Ausdruck erfahren zu können. Wolfram Hogrebe hat in seinem Buch *Ahnung und Erkenntnis* die Rehabilitation solcher Erfahrungen mithilfe des Begriffs der »Ahnung« versucht. Er geht davon aus, »dass im üblichen Begriffsrepertoire der Erkenntnistheorie Ahnungen nicht vorkommen«.[212] In Rekurs auf den Kant-Zeitgenossen und Kant-Kritiker Friedrich Jacobi und auf den Dichter Friedrich Hölderlin entwickelt Hogrebe eine Theorie der »subsemantischen Resonanzen« (also unterhalb der rational verstehbaren Bedeutungen), die den Erfahrungs- und Erlebnisqualitäten wieder zu ihrem Recht verhelfen sollen, »wiewohl nur *subjektiv registrierbar*«.[213] Hölderlin ginge es, so Hogrebe, um »nichts anderes als einen *reicheren Begriff der Erfahrung*«, um ein »reicheres Naturverhältnis«.[214] Die westliche Kultur mit der Vorstellung eines isolierten, vom Anderen und von der Natur getrennten Ichs muss wieder eine gewisse Durchlässigkeit zulassen. Für Godula Kosack bedeutet der Kampf gegen die Naturreligion in der Renaissance auch die Notwendigkeit für die Menschen, »sich zu panzern, sich unempfänglich und unempfindlich zu machen. […] Die Hexenverfolgung war ein Prozess der mentalen Desensibili-

---

212 Wolfram Hogrebe: Ahnung und Erkenntnis, Frankfurt a. M. 1996, S. 7
213 Hogrebe, S. 115
214 Hogrebe, S. 106

sierung.«[215] So ging die Fähigkeit, die Lebendigkeit und Beseeltheit der Natur zu erfahren, nach und nach verloren.

Dichter wie Hölderlin und Novalis und andere Romantiker versuchten, die Panzerung des Ichs zu durchbrechen und wieder offen für die Wahrnehmung der lebendigen Natur zu werden. Auch heute wird die Sehnsucht nach einer Begegnung mit der beseelten Natur wieder stärker. Dabei sollte man aber bei aller Begeisterung für indigene Kulturen und ihr Leben mit der Natur nicht vergessen, nach dem Kontext zu fragen: Wie steht es mit Magie und Schadenszauber? Wie sieht der Umgang mit Anderssein, mit abweichenden Veranlagungen und Verhaltensweisen aus? Wie ist die soziale Stellung der Frauen? Wie stark ist der Druck, den Rollenerwartungen zu entsprechen? Gibt es Initiations- und Beschneidungsriten, und wie sehen diese aus? Was wird aus Jungen, die bei der Initiation in die Männerrolle versagen? Braucht die Gemeinschaft für ihren Zusammenhalt kriegerische Auseinandersetzungen mit anderen Stämmen? Wie steht es um Recht, Gerechtigkeit und Selbstverantwortung? Kosack schreibt: Es kann »nicht das Anliegen der heute Lebenden sein, auf das geistige Niveau einer früheren Menschheitsepoche zurückzufallen«.[216] Sie warnt davor, »das vorkartesianische Weltbild mit all seinen bedrohlichen Konsequenzen für alle Einzelnen« zu verharmlosen. »Das dualistische kartesianische Weltbild kann nur auf einer höheren Stufe der Spirale überwunden werden.«[217]

---

215 Kosack, S. 352
216 Kosack, S. 354
217 Kosack, S. 354

Eine noch nicht erwähnte Theorie der Bewusstseinsevolution, die »Spiral-Dynamik«,[218] benutzt nämlich das Bild der Spirale, um zu verdeutlichen, dass die Entwicklung des Denkens und des Bewusstseins immer wieder bei ähnlichen Vorstellungen und Ideen ankommt, aber auf einer höheren Ebene, bereichert durch die inzwischen gemachten Erfahrungen – ein Integrationsprozess, wie ihn auch Gebser und Wilber postulierten. Eine solche spiralige Entwicklung erleben derzeit die Naturwissenschaften, die vom materialistischen Ansatz aus die Lebendigkeit der Natur zunächst beiseiteließen und inzwischen genau bei ihr wieder angekommen sind. »Jetzt haben wir die Möglichkeit, die zerrissenen Fäden zwischen Verstand und direkter, intuitiver Naturerfahrung neu zu knüpfen.«[219]

Die Naturwissenschaften verabschieden sich vom mechanistischen Weltbild. »Im fundamentalen Unterschied zum System der klassischen Physik, welches sich [...] als eine Art mechanisches, in seine genau aufeinander abgestimmten Bestandteile zerlegbares und wieder zusammensetzbares Uhrwerk vorstellen lässt, bestehen quantenphysikalische Ganzheiten nur in den seltensten Fällen aus zerlegbaren und wieder zusammensetzbaren Teilen. Quantensysteme haben grundsätzlich eine auf Einheit gerichtete Struktur. [...] Damit kann die Quantentheorie als Physik

---

218 Don Edward Beck und Christopher C. Cowan: Spiral Dynamics – Leadership, Werte und Wandel, Bielefeld 2007
219 Rupert Sheldrake: Die Wiedergeburt der Natur. Wissenschaftliche Grundlagen eines neuen Verständnisses der Lebendigkeit und Heiligkeit der Natur, Bern – München – Wien 1991, S. 256

der Beziehungen und der Möglichkeiten charakterisiert werden.«[220]

Dass es weniger um die Eigenschaften bzw. um die »Essenz« von isolierten Dingen geht, sondern mehr um die Relationen, zeigt auch der Physiker Hans-Peter Dürr: »Der Bruch, den die neue Physik fordert, ist tief. Er [...] deutet darauf hin, dass die Wirklichkeit im Grunde keine Realität im Sinne einer dinghaften Wirklichkeit ist.«[221] Und weiter heißt es: »Die Natur ist [...] in ihrem Grunde nur Verbundenheit, [...]. Diese fundamentale Verbundenheit führt dazu, dass die Welt eine Einheit ist. Es gibt streng genommen überhaupt keine Möglichkeit, die Welt in Teile aufzuteilen, weil alles mit allem zusammenhängt. Damit ist uns [...] die Basis entzogen, die Welt reduktionistisch verstehen zu wollen.«[222] So nähert sich die Physik der Weltsicht all der Kulturen an, die die Natur und den Kosmos als Netz von Beziehungen sehen. Der Biologe Rupert Sheldrake spricht von der »Wiedergeburt der Natur«, von der Idee, »dass die Natur, die wir bisher als leblos und mechanisch betrachtet haben, in Wirklichkeit lebendig ist – sie erwacht vor unseren Augen zu neuem Leben.«[223] Diese Idee »weist die Richtung zu einer neuen Naturwissenschaft, zu einer neuen Sicht der Religion und zu einer neuen Art von Beziehung zwischen der Menschheit und allem anderen Lebendigen.

---

220 Christine und Frido Mann: Es werde Licht. Die Einheit von Geist und Materie in der Quantenphysik, Frankfurt a. M. 2017, S. 115–116
221 Hans-Peter Dürr: Warum es ums Ganze geht. Neues Denken für eine Welt im Umbruch, Frankfurt a. M. 2011, S. 103
222 Dürr, S. 103
223 Sheldrake: Wiedergeburt, S. 8

Dieses neue Denken sieht die Erde als einen lebendigen Organismus.«[224]

Aber Sheldrake geht noch weiter: »Die persönliche, intuitive Naturerfahrung könnte [...] nicht mehr als rein subjektives Phänomen des Privatlebens beiseitegeschoben werden, denn sie könnte ja tatsächlich das sein, was sie dem Erfahrenden zu sein scheint: direkte Offenbarung der lebendigen Natur selbst. Wir können auch mythische, animistische und religiöse Denkweisen nicht länger ausgrenzen.«[225] Das entspricht der Einübung des »zweifachen Blicks«.

»In der holistischen Theorie wird [...] die gesamte Natur als lebendig betrachtet, und insofern stellt sie eine modernisierte Fassung des vormechanistischen Animismus dar.«[226] Wenn die ganze Natur als lebendig gesehen wird, als beseelt, kann sie dann auch als »heilig« gelten?[227] Sheldrake sagt: »Wir müssen uns ein Gefühl für das Heilige zurückerobern.«[228] Das wäre dann der letzte Schritt hin zu dem Weltbild, das man Panentheismus (oder Kosmotheismus) nennt: »Gott ist der Natur nicht fern oder fremd, sondern in ihr gegenwärtig, doch zugleich ist er die Einheit, welche die Natur transzendiert.« Und dann zitiert Sheldrake Nikolaus von Kues mit den

---

224 Sheldrake: Wiedergeburt, S. 12
225 Sheldrake: Wiedergeburt, S. 91
226 Sheldrake: Wiedergeburt, S. 120
227 Bei der Forderung »Save the Sacred«, die in den USA laut wurde, ist zu Folgendem zu bedenken: »Spreche ich im Englischen von ›sacred‹, so meine ich das Wissen um eine alldurchdringende Intelligenz, die Existenz einer höchsten, göttlichen und zugleich tiefst menschlichen Wahrheit.« (Marian Brehmer in: evolve 28, 2020, S. 14)
228 Sheldrake: Wiedergeburt, S. 42

Worten: »Das Göttliche ist die Einfaltung und Entfaltung von allem Existierenden. Das Göttliche ist dergestalt in allen Dingen, dass alle Dinge in der Göttlichkeit sind.«[229]

Sheldrake schreibt am Ende seines Buches: »Wir entdecken, wie viel wir von ›rückständigen‹ Völkern lernen können, die das Gefühl der Verbundenheit mit der lebendigen Welt nie verloren haben.«[230]

In den Andenstaaten hat sich eine bemerkenswerte Verbindung von indigener Religion und Christentum entwickelt, die auch für Europa interessant sein könnte. Für die Menschen dort ist eine klare Entscheidung »für die eine oder andere religiöse Identität« gar nicht nötig, denn »der andine Mensch […] denkt im Rahmen der Komplementarität und nicht des gegenseitigen Ausschlusses«.[231] Auch hier finden wir als Grundgedanken »das Relationalitätsprinzip«. Es besagt, »dass alles mit allem verbunden ist, dass alles mit allem zu tun hat und dass es keine völlig unverbundenen und von allen anderen Wesenheiten und Beziehungen losgelösten […] Wirklichkeiten gibt«.[232] Auch hier fällt wieder der Begriff »Panentheismus«, die »Vorstellung, dass Gott oder das Göttliche in allem präsent und durch alles wirksam ist«.[233] Dieses »allumfassende Netz der Beziehungen« schließt die Geister nicht aus, denn auch sie sind »Manifestationen des göttlichen Geheimnisses«.[234] Wenn Gott, wie Meister Eckhart

---

229 Sheldrake: Wiedergeburt, S. 230
230 Sheldrake: Wiedergeburt, S. 256
231 Estermann: Apu Taytayku, S. 33
232 Estermann: Apu Taytayku, S. 67
233 Estermann: Apu Taytayku, S. 144
234 Estermann: Apu Taytayku, S. 144

sagte, erst durch die Kreaturen wirklich »Gott« wurde, bedarf er dann nicht besonders des Menschen, um »vollständig und ganzheitlich zu werden«?[235] – ein Gedanke, der nicht nur im andinen Christentum, sondern auch in der abendländischen Mystik formuliert wurde, radikal bei Angelus Silesius: »Ich weiß, dass ohne mich Gott nicht ein Nun kann leben. / Werd' ich zunicht, Er muss von Not den Geist aufgeben.«[236]

Weil es in der andinen Philosophie keine Trennung zwischen Göttlichem und Menschlichem gibt, existieren viele Mittlergestalten wie Jesus, Maria, aber auch »Pachamama«, die Mutter Erde, und auch dort kennt man die »große Kette des Seins«, die sich »von der anorganischen Materie über Pflanzen, Tiere und Mensch bis hin zu reinen Geistwesen oder Engeln und schließlich Gott selber erstreckt«.[237]

Auch wenn sich die andinen Vorstellungen nicht direkt auf Europa übertragen lassen, so könnte man doch auch hier weniger ausschließend und mehr komplementär denken. Novalis hat neben seinem vom Kosmotheismus geprägten Roman-Fragment *Die Lehrlinge zu Sais* auch geistliche Lieder gedichtet, und bei dem protestantischen Theologen Friedrich Schleiermacher lesen wir in seinen *Reden über Religion:* »Die Religion lebt ihr ganzes Leben auch in der Natur, aber in der

---

235 Estermann: Apu Taytayku, S. 151
236 Silesius, S. 28 (1. Buch Nr. 8); Erich Fromm schreibt in »Psychoanalyse und Religion« (Zürich 1966, S. 61): »Die Mystiker waren tief durchdrungen vom Erlebnis der Eigenkraft des Menschen, seiner Ähnlichkeit mit Gott und dem Gedanken, dass Gott des Menschen ebenso sehr bedürfe wie der Mensch Gottes.«
237 Estermann: Abu Taytayku, S. 148

unendlichen Natur des Ganzen, des Einen und Allen.«[238] Christentum und Naturverehrung schließen sich nicht aus – darin zeigt sich Schleiermachers Nähe zum Kosmotheismus.

Nicht vergessen werden aber darf, dass eine veränderte Beziehung zur Natur ergänzt werden muss durch eine Beziehung der Menschen untereinander, die nicht auf Abgrenzung, sondern auf dem Bewusstsein der Verbundenheit beruht. Martin Buber hat formuliert: »Der Mensch wird am Du zum Ich.«[239] Und der afrikanische Philosoph Felwine Sarr erinnert an die Maxime der Ubuntu-Philosophie: »Ich bin, weil wir sind« – das nehme »das gesellschaftliche Wesen des Individuums zum Ausgangspunkt, gibt dem Gemeinwohl und dem Respekt vor der Menschlichkeit des anderen den Vorrang«.[240] Gerade in Afrika treffen unterschiedliche Kulturen aufeinander: »Die Intelligenz einer Zivilisation liegt in ihrer Fähigkeit, jene sich ergänzenden Welten, vor denen sie steht, zu einer Synthese zusammenzuführen und einem einheitlichen Telos zuzuordnen.«[241] Das könnte auch an den Westen gerichtet sein ...

Zu Beginn des vergangenen Jahrhunderts brauchte es gut 20 Jahre, bis endlich klar wurde, dass das 19. Jahrhundert zu Ende ist. Nun, in den frühen Zwanzigerjahren des 21. Jahrhunderts, müsste jedem deutlich werden, dass das 21. Jahrhundert keine Fortschreibung des 20. sein darf, dass dessen »Moderne« in vieler Hinsicht eine Art Mittelalter war, voll

---

238 Friedrich Schleiermacher: Über die Religion, Hamburg 1958, S. 29
239 Martin Buber: Ich und Du, Stuttgart 1995, S. 28
240 Felwine Sarr: Afrotopia, Berlin 2019, S. 96
241 Sarr, S. 148

illusorischer Annahmen über das Verhältnis des Menschen zur Natur und zueinander, das durch eine zweite Renaissance abgelöst werden sollte.

Deren Gesichter werden nach und nach erkennbar. Die Erforschung und die Annahme der vollständigen, nicht mehr selektiv wahrgenommenen eigenen Geschichte wie auch Anstöße von außen, von anderen Kulturen, setzen Veränderungsprozesse in Gang, die auch erzwungen werden durch die Folgen der einseitigen Entwicklung der westlichen Kultur seit der ersten Renaissance. Veränderungen im Denken und im Selbstbild der Menschen müssen ausstrahlen auf die Wirtschaft, die Gesellschaft und die Kultur.

Wir brauchen eine zweite Renaissance, um die Wunden zu heilen, die die erste geschlagen hat, in Europa und in weiten Teilen der Welt.

MENSCH, NATUR UND KUNST IM ANTHROPOZÄN

»Alles Göttliche hat eine Geschichte«[242] – dieser ungewöhnliche Satz findet sich bei Novalis im Romanfragment *Die Lehrlinge zu Sais;* ungewöhnlich deshalb, weil die Sphäre des Göttlichen in der Regel als dem Wandel, und damit der Geschichte enthoben, vorgestellt wird. Weiter heißt es: »[…] und die Natur, dieses einzige Ganze, womit der Mensch sich vergleichen kann, sollte nicht so gut wie der Mensch in einer Geschichte begriffen sein oder, welches eins ist, einen Geist haben?«[243] Im Kontext des Kosmotheismus, der die Natur als beseelt und – in unterschiedlichen Graden – als von Geist durchdrungen ansieht, wird eine Zusammenführung von Mensch und Natur denkbar, die den Gedanken an eine gemeinsame Geschichte nahelegt. Zunächst einmal in der Form, dass sich im Menschen entfaltet, was in der Natur, den unteren Gliedern der »großen Kette des Seins«, angelegt ist – modern ausgedrückt: Die biologische Evolution setzt sich

---

242 Novalis: Die Lehrlinge zu Sais, Gedichte Fragment, Stuttgart 1960, S. 28
243 Novalis, S. 28

fort in der Evolution des Bewusstseins. In Schellings Formulierung »Die Natur fängt bewusstlos an und endet bewusst«,[244] ist diese Kontinuität bereits gedacht.

Jochen Kirchhoff hat diesen Gedanken in seinem Buch *Was die Erde will* weitergeführt. Ein »Naturbegriff ist viel zu eng, der Natur einfach als ein Außen begreift […], wobei dieses Draußen […] zum bloßen Ding wird, zum Etwas, das ganz aufgeht in der Außenwelt und somit sein Innenweltsein einbüßt, seine Bewusstseinsseite«.[245] Die Kernthese des Buches lautet: Die Erde will den Menschen, will Bewusstsein, will Ich-Entwicklung und Spiritualität. »Die (entwickelte) Menschheit ist das kosmische Auge des Planeten.«[246] So hat auch der Kosmos eine Innenseite, eine Innenwelt, und bedarf des Menschen, um diese Innenwelt zu Bewusstsein zu bringen. Das Bewusstsein des Menschen, sein Ich, »ist eine kostbare Errungenschaft, ein hohes Gut, ein wichtiges Glied in der Bewusstseinskette der kosmischen Evolution«.[247]

In welchem Maße die menschliche Geschichte mit der der Natur verwoben ist, zeigt sich in der Gegenwart, wo Menschen in die Natur verändernd eingreifen in einer Weise, die die Lebensgrundlagen der Menschheit gefährdet – eine Erkenntnis, »dass die Zukunft der Spezies Homo un-

---

244 Schelling: System des transzendentalen Idealismus, Hamburg 1992, S. 283
245 Jochen Kirchhoff: Was die Erde will – Mensch, Kosmos, Tiefenökologie; Bergisch Gladbach 1998, S. 72
246 Kirchhoff, S. 344
247 Kirchhoff, S. 98

mittelbar von der weiteren ökologischen Dynamik ihres planetarischen Habitats abhängt«.[248]

Galt die Natur bislang als der vom menschlichen Drama unberührte ruhende Pol, als stabiler, ja heilender Rahmen und Zufluchtsort, so wird die Natur jetzt Teil des menschlichen Dramas – und umgekehrt: Der Mensch tritt als Akteur im Drama der Natur auf. Das wird mit dem Begriff »Anthropozän« beschrieben: ein Erdzeitalter, in dem der Mensch Naturgeschichte mitgestaltet.[249] Dabei wird sich die Stimme der Natur, in welcher Weise auch immer, in Kultur und Kunst wieder mehr zu Wort melden. »Residierten in der großen Seinskette Götter oder Engel über dem Menschen, bevor er sich selbst mit Hilfe der Wissenschaft auf den Thron des Seins hievte, wird er sich seinen Sitz im Anthropozän mit einer reizbaren und schwer berechenbaren Erde teilen müssen. Die damit einhergehende Ablösung des Referenzpunktes Mensch durch den Referenzpunkt Erde führt – unschwer zu prognostizieren – kulturgeschichtliche Zäsuren und Paradigmenwechsel mit sich, die über ein Ende der Moderne hinausweisen.«[250]

---

248 Frank M. Raddatz: Aktanten-Theater, in: Lettre International 130, Herbst 2020, S. 114
249 Inzwischen weiß man, dass die Menschen, auch bereits vor dem Übergang zur Landwirtschaft, Veränderungen in der Tierwelt ausgelöst haben. So gesehen übte der Mensch seit seinem Auftreten schon immer Einfluss auf die Natur aus, allerdings noch nicht so weit, dass seine eigenen Lebensgrundlagen gefährdet wären. Dazu: Tim Flannery: Europa – Die ersten 100 Millionen Jahre, Berlin 2019, Teil 4: Das Europa des Menschen, ab S. 233.
250 Frank M. Raddatz: Bühne und Anthropozän, in: Lettre International, Herbst 2018, S. 73

Dabei werden vertraute Gegensätze wie der von Natur und Kultur[251] oder der von Natur und Kunst ihre Schärfe verlieren und müssen neu durchdacht werden. Vielleicht wird sogar der Thron der großen Kette im Sinne des Kosmotheismus doch noch von Gott eingenommen, wenn auch Gott und Natur keine Gegensätze mehr sind – wie auch immer, der Satz, mit dem Schelling seine Freiheitsschrift beschließt, sollte Geltung finden: »Es ist nicht die Zeit, alte Gegensätze wieder zu erwecken, sondern das außer und über allem Gegensatz Liegende zu suchen.«[252]

Kunst der Moderne – weg von der Natur?

Régis Debray lässt in dem eingangs zitierten Essay den Dirigenten Michel Tabachnik zu Wort kommen: Schönberg habe »eine vom menschlichen Geist erfundene Sprache« entwickelt (gemeint ist die 12-Ton-Technik[253]), »die der von den

---

251 Dazu: Philippe Descola: Jenseits von Natur und Kultur, Berlin 2013
252 Schelling: Über das Wesen der menschlichen Freiheit, Stuttgart 1964, S. 138
253 In der 12-Ton-Technik werden – vor dem eigentlichen Kompositionsprozess – die 12 Töne unseres Tonsystems, losgelöst aus ihren vertikalen (Grundton / Obertonreihe) und horizontalen (Skalen) Beziehungen, zu einer Reihe angeordnet, die zwar transponiert, umgekehrt und von hinten nach vorne verwendet werden kann, aber in ihrer Intervallfolge als Hintergrundkonstruktion für das Werk verbindlich ist. Die brillanteste Kritik an der 12-Ton-Technik findet sich in Theodor W. Adornos »Philosophie der neuen Musik«. Er hält sie allerdings für das Ergebnis einer zwangsläufigen historischen Entwicklung, und in dieser Hinsicht sollte ihm widersprochen werden.

physikalischen Gesetzen der Welt befreiten Atonalität«.[254] Heinrich Strobel, einer der bedeutenden Verleger zeitgenössischer Musik, verteidigt die »Künstlichkeit« aller modernen Kunst mit den Überlegungen: »Artifiziell ist eine Konsequenz von Ars […] Die Minorität schöpferischer Menschen hat in unserem Jahrhundert eine großartige Leistung vollbracht: die Überwindung der naturhaften Künste […]. Auf die Musik übertragen bedeutet dies: Abwendung von dem natürlichen Prinzip der Tonalität, Abwendung von der rhythmischen Symmetrie, von dem thematischen Schematismus. Das tönende Denken tritt an die Stelle der tönenden Bilder- oder Seelenmalerei.«[255]

So plump und unreflektiert in beiden Zitaten die Tonalität der europäischen Tradition als »natürlich« hingestellt wird (natürlich ist nur das akustische Phänomen der Obertonreihe, schon jede Skala ist in gewisser Hinsicht ein Kunstprodukt), so aufschlussreich ist dennoch die dahinterstehende Denkfigur. Beide Zitate verweisen indirekt (das erste durch den Namen Schönberg, das zweite durch die Gegenüberstellung von Denken und Bild) auf ein Schlüsselwerk der Moderne, auf Schönbergs Oper »Moses und Aron«.

Im brennenden Dornbusch fordert Gottes Stimme den Moses auf, ihn, den einen unsichtbaren Gott, zu verkündigen. Auf Moses' Einwand, »Ich kann denken, aber nicht re-

---

254 Régis Debray: Das grüne Zeitalter, in: Lettre International, Frühjahr 2020, S. 17
255 Zitiert nach: Walter Wiora: Die vier Weltalter der Musik, München–Kassel 1988, S. 169

den«, verspricht die Stimme, Aron zu schicken: »Aron will ich erleuchten, er soll dein Mund sein!«[256] Aber wie soll Aron den Gott Moses' »unvorstellbar, weil unsichtbar« verkündigen, ohne Bilder zu gebrauchen? »Volk, auserwählt dem Einzigen, kannst du lieben, was du dir nicht vorstellen darfst?«[257] Als Moses resigniert feststellt: »Mein Gedanke ist machtlos in Arons Wort!«, kann Aron durch ein Wunder das Volk überzeugen: Moses' Stab verwandelt sich in eine Schlange. »So wird dieser Gott uns vorstellbar; den sichtbare Wunder bezeugen.«[258]

Moses verweilt lange auf dem Berg der Offenbarung, und das Volk wird ungeduldig. Als das Volk Aron droht: »Sein Gott ist machtlos, zerreißt sie, tötet seine Priester […]!«,[259] schwenkt Aron um: »Volk Israel! Deine Götter geb' ich dir wieder […] Euch gemäß sind Götter gegenwärtigen, alltagsnahen Inhalts.« So kommt es zur Anbetung des »Goldenen Kalbs«. Aron sagt: »Dieses Bild bezeugt, das in allem, was ist, ein Gott lebt.«[260] Also ein Rückfall in den Polytheismus und den Glauben an die Göttlichkeit der Natur.

In der Bibel wird nur von Gesang und Tanz berichtet. Schönberg aber macht aus dem Tanz ums Goldene Kalb eine Orgie mit Menschenopfern: »Die Priester fassen die Jungfrauen an der Gurgel und stoßen ihnen das Messer ins Herz.«[261] Dann kehrt Moses mit den Gesetzestafeln zurück,

---

256 1. Szene
257 2. Szene
258 4. Szene
259 2. Akt, 2. Szene
260 2. Akt, 3. Szene
261 Regieanweisung 2. Akt, 3. Szene

und in der folgenden Auseinandersetzung rechtfertigt sich Aron: »Auch du würdest dies Volk lieben, hättest du geseh'n, wie es lebt, wenn es sehen, fühlen, hoffen darf.« Darauf Moses: »Es muss den Gedanken erfassen! Es lebt nur deshalb!« Wieder setzt Aron auf Wunderzeichen: die Feuersäule und die Wolkensäule: »Gottes Zeichen, wie der glühende Dornbusch. Darin zeigt der Einzige nicht sich, aber den Weg zu sich […]«, worauf Moses Gott fragt: »Lässt du diese Auslegung zu? Darf Aron, mein Mund, dieses Bild machen?« – und verzweifelt zu Boden sinkt: »O Wort, du Wort, das mir fehlt.« Im nicht mehr vertonten 3. Akt wird Aron gefesselt zu Moses gebracht: »Verraten hast du Gott an die Götter, den Gedanken an die Bilder […]« Moses befiehlt den Kriegern: »Gebt ihn frei, und wenn er es vermag, so lebe er.«[262] Nunmehr frei, steht Aron auf … und fällt tot zu Boden.

Hat Moses letztendlich gewonnen? Vielleicht nur, weil Schönberg parteiisch ist. Er unterstellt dem Tanz um das Goldene Kalb eine wüste Orgie mit Menschenopfern, verschweigt aber, was die Bibel zu berichten weiß: »Da nun Moses sah, dass das Volk zuchtlos geworden war […], trat er an das Tor des Lagers und sprach: Her zu mir, wer dem Herrn angehört! […] Gürte ein jeglicher sein Schwert […] und erwürge ein jeglicher seinen Bruder, Freund und Nächsten. Die Kinder Levi taten, wie ihnen Moses gesagt hatte, und fielen des Tages vom Volke dreitausend Mann.«[263] Eine brutale Strafe – oder sogar ein Menschenopfer für den einen, unsichtbaren Gott?

---

262 2. Akt, 5. Szene
263 2. Buch Mose, 32, 25–28

Als Komponist muss Schönberg die Überlegenheit seiner Position einer sinnenfernen Geistigkeit behaupten, aber könnte das nicht das Ende aller Kunst bedeuten, die – mehr oder weniger direkt – immer auch Bild ist? Die Partie des Moses ist als Sprechrolle angelegt, aber Aron darf singen ... Und hätte der Komponist in der Musik der Orgie nicht alle Register des sinnlichen Klangs ziehen können, über die er in seiner Jugend verfügt hatte? Auch die Musik der Orgie ist in 12-Ton-Technik komponiert – hatte Schönberg Befürchtungen, eine überzeugend sinnliche Musik (mehr als einige Glissandi, ein paar vorsichtige tonale Anklänge und gelegentliche Schlaginstrumente) könnte die Überlegenheit des Geistigen über das Sinnliche infrage stellen?

Wie kaum ein anderes Werk zeigt »Moses und Aron« die Ambivalenz und Problematik einer Denkfigur, die Geist und Natur, Gedanke und Bild als sich ausschließende Wege gegenüberstellt. Schönberg muss das gespürt haben, hat er doch in dieser Zeit wieder mit Tonalität experimentiert. Und vielleicht ist auch deshalb die Oper unvollendet geblieben.

Luziferische Baumeister

Ein unvollständiges Gottesbild, das Gott außerhalb der Natur sieht, begünstigt die Entstehung von Dämonen, die in dem Ausgegrenzten ihren Ursprung haben und das Bewusstsein – oder viel mehr noch das Unbewusste – bevölkern, bis hinein in jenes Mittelalter, das – nach Régis Debray – die Moderne darstellt.

Je stärker sich der Dualismus von Gott und Natur, Geist und Materie, Licht und Finsternis ausprägt, desto mächtiger werden die Dämonen. Am stärksten vielleicht im Manichäismus, jener von dem Perser Mani im 3. Jahrhundert n. Chr. gestifteten Religion. Mit »ihrer ablehnenden Stellung zur Welt als einer Schöpfung satanischer Mächte, die am besten baldmöglichst wieder verschwinden sollte«,[264] haben die Manichäer auch auf das Christentum Einfluss ausgeübt. Über die Wüstenväter des frühen Christentums heißt es: »Die Verachtung des Körpers, der Sauberkeit und der Pflege hatte doch ihren Grund in der dualistischen Grundhaltung der Frühkirche, die den Körper als den Sitz des Bösen und der Sünde betrachtete, im Gegensatz zum Geist als Träger aller edlen Bestrebungen.«[265] Die Dämonisierung der Natur draußen griff über auf das, was im Menschen Natur ist, auf seine Körperlichkeit.

Die Verachtung alles Natürlichen als böse und satanisch kann – gleichsam im Trotz – zu einer Art positiver Identifikation mit dem Bösen und damit zu einem Selbsthass führen, dem Gefühl, von Gott verworfen zu sein, das sich in jenem Zweig der Romantik findet, den man »schwarze Romantik« nennt, und das ein Künstlerbild hervorgebracht hat, in dem der Künstler »zum neuen Prometheus« und zum »Bruder Luzifers« und seine Kunst zum »Gegenentwurf zur göttlichen Schöpfung«[266] wurde. Der französische Romantiker Gérard de Nerval erzählt von dem sagenumwobenen Baumeister des Tempels von Jerusalem, Adonhiram, »aus dem Geschlecht Kains, der von seinem Stammvater

---

264 Helmuth Glasenapp: Die nichtchristlichen Religionen, Frankfurt a. M. 1957, S. 241
265 Otto F. Meinardur: Die Wüstenväter des 20. Jahrhunderts, Würzburg 1983, S. 130
266 Norbert Miller: Archäologie des Traums, München 1978, S. 7

nicht nur die Meisterschaft in allen Künsten, sondern auch den Hass auf alles Göttliche geerbt hat«.[267] Eine solche »gegengöttliche« Architektur entdeckte man in den Radierungen von Giambattista Piranesi (1720–1778), den »Carceri d'invenzione« (erfundene Kerker), aber auch in seinen surreal-fantastischen Zeichnungen eines imaginären antiken Roms. »Hier nahmen die zusammenstürzenden Trümmer oder die keiner Funktion mehr unterworfenen Gewölbefluchten den Charakter gigantischer Auflehnung und satanischen Ungehorsams an, wie ihn stellvertretend Nervals Adonhiram von jedem monumentalen Werk der Kunst verlangte.«[268]

Es war keine Revolte im Namen der unterdrückten Natur, um ihr wieder einen Platz im göttlichen Kosmos zu sichern, sondern eine Revolte gegen Gott und zugleich gegen die Natur. Die »manichäische« Sicht der Welt als Schöpfung satanischer Mächte wurde übernommen, nur lag die Identifikation nicht mehr bei Gott und dem naturfernen Geistigen, sondern bei einer gottlosen, ja gegengöttlichen, satanischen Schöpfung, die immer mehr in Gegensatz zu Natur geriet und zu einer künstlich-erhabenen Gegenwelt wurde. Dieser Wechsel der Identifikation machte die satanische Gegenwelt zum Verbündeten des sich verworfen fühlenden Künstlers. In Piranesis Kerkern ist für Natur kein Platz, aber auch die Literatur jener Zeit feiert den Kult einer naturfernen Künstlichkeit. In dem Roman *A Rebours* (Gegen den Strich) von Joris-Karl Huysmans (1891) liest man: »Übri-

---

267 Miller, S. 7
268 Miller, S. 9

gens schien das Künstliche Des Esseintes [... das ist der Name der Hauptfigur] das kennzeichnende Merkmal des menschlichen Geistes zu sein. Er pflegte zu sagen: die Natur ist überholt.«[269] Bei Charles Baudelaire, so Adorno in seiner Ästhetischen Theorie, »unterliegt die imago der Natur [...] striktem Verbot«.[270] Die Opposition des Künstlers gegen Gesellschaft und Natur findet ihre Fortsetzung und Steigerung im italienischen und russischen Futurismus. Die Verherrlichung von Technik, von Maschinen, von Geschwindigkeit, ja vom Krieg geschieht im Namen von mit modernster Technik gepanzerten archaischen Kriegern und verbindet sich mit der Verachtung der Natur – und der Frau. »Hurra! Nichts bindet mich mehr an die unreine Erde«,[271] dichtete Filippo Tommaso Marinetti, der Wortführer des italienischen Futurismus. Dessen Ziel ist es, »einen neuen Menschen zu erzeugen, den ›Flugzeugmenschen‹ [...], der in hypertropher Übersteigerung seiner Macht die Sonne herausfordert«.[272]

»Der Sieg über die Sonne« ist denn auch der Titel eines der Hauptwerke des russischen Futurismus, eine 1913 entstandene Oper. Darin geht es um den »Sieg der Technik über die kosmischen Mächte und über den Biologismus«.[273] Der

---

269 Joris Karl Huysmans: Gegen den Strich, Frankfurt/M–Berlin–Wien 1972, S. 36
270 Theoror W. Adorno: Ästhetische Theorie, Frankfurt a. M. 1970, S. 39
271 Zitiert nach: Hansgeorg Schmidt-Bergmann: Futurismus, S. 56
272 Schmidt-Bergmann, S. 118
273 Hans Günther: Befreite Worte und Sternensprache, in: Grimminger, Murasov, Stückrath (Hrsg.): Literarische Moderne, Reinbek 1995, S. 296

Chor singt: »Wir sind frei, zerschlagen ist die Sonne ... Es lebe die Dunkelheit! [...] Die Welt wird vergehen, doch wir sind ohne Ende.«[274] – Eine bemerkenswerte Perversion der Verehrung des Sonnengottes im Ägypten der Echnaton-Zeit! Der Sieg über die Sonne, über die Natur endet letztlich in einer heroischen Selbstzerstörung. Marinetti dichtete in seinem »Hymnus an den Tod«:

> Hurra! Hurra! Alles haben wir besiegt,
> alles haben wir gekostet und zerstört, und nun
> trinken wir in langem Zug den Trank des Todes,
> diesen klaren Sternentrank, der ewig leuchtet ...[275]

Wer immer noch den Futurismus als Modell einer positiv gesehenen radikalen Moderne feiert, möge sich erinnern an das, was Hansgeorg Schmidt-Bergmann schreibt: »Die Moderne ist dem Tod verschwistert.«[276]

Die Avantgardisten zu Beginn des 20. Jahrhunderts waren Utopisten, doch welchen Preis würden ihre Visionen haben, sollten sie verwirklicht werden? »An das Versprechen der Welterneuerung ist die Zerstörung des Alten geknüpft. Die Seite des gütig schenkenden Zukunftssoldaten enthüllt sich erst, nachdem er als apokalyptischer Drachentöter sein Werk vollbracht hat.«[277] Die Futuristen »ersehnen und propagieren

---

274 Nach Günther, S. 296/297
275 Nach Schmidt-Bergmann, S. 276
276 Schmidt-Bergmann, S. 31
277 Beat Wyss: Der Wille zur Kunst. Zur ästhetischen Mentalität der Moderne, Köln 1996, S. 184

eine Politik der verbrannten Erde, der alles zum Opfer wird, um den futuristischen Menschen aus dem Rauch und den Trümmern neu erstehen zu lassen.«[278] Kasimir Malewitsch, der Maler des »schwarzen Quadrats«, »verhöhnte die Gefühlsduselei, die Naturseligkeit der alten Generation [...] Vertreibung der Natur aus der Kunst, Vernichtung von Liebe und Aufrichtigkeit in der Kunst«[279] – das waren seine Ziele.

Zentrale Strömungen des modernen Städtebaus leitete die Idee der Unabhängigkeit von der Natur und von den Bedürfnissen der Menschen. Der Architekt Le Corbusier schlug 1925 in seinem »Plan Voisin« den Abbruch und Neubau von Paris vor. Vorgesehen war »nicht etwa ein Markt, wo Menschen zusammenströmen, sondern eine riesige Menschenschleuder: eine Rampe als Umsteigeplatz von der Autobahn ins Flugzeug«.[280] »In der Charta von Athen 1929 wurden Le Corbusiers Stadtmodelle zur Leitlinie des modernen Städtebaus. Die damals anwesenden Architekten fanden es unnötig, zum Thema auch etwa Psychologen, Politiker oder Soziologen zu befragen, geschweige denn schlicht die Erfahrung von Stadtbewohnern zu berücksichtigen.«[281]

Rebellen

Kain, der Mörder seines Bruders Abel, wurde von Gott verstoßen: »Verflucht seist du auf der Erde [...] Unstet und

---

278 Schmidt-Bergmann, S. 60
279 Wyss, S. 223
280 Wyss, S. 196
281 Wyss, S. 197

flüchtig sollst du sein auf Erden.«[282] Unter seinen Nachkommen war Thubalkain, der »Meister in allerlei Erz- und Eisenwerk«,[283] und einer von dessen Nachfahren war Adoniram.[284] Von Gott verworfen und aus der Gesellschaft verstoßen – das ist der Hintergrund der Rebellion gegen Gott und der Verhärtung des ausgegrenzten Ichs.

Ein in gewisser Hinsicht ähnliches Schicksal teilten die Titanen: Kronos, der kühnste und verschlagenste von allen, riss die Herrschaft im Olymp an sich, wurde aber schließlich von seinem Sohn Zeus abgesetzt und in den Tartaros gestoßen. Folgenreicher war Prometheus (»der Vorausdenkende«),[285] der – nach der einen Überlieferung – die Menschen schuf, nach anderer Überlieferung das Feuer aus dem Himmel stahl und den Menschen die Zivilisation und die Naturbeherrschung ermöglichte, dafür aber von Zeus streng bestraft wurde: Er wurde an einen Felsen im Kaukasus geschmiedet, wo ein Adler ihm jeden Tag die stets nachwachsende Leber heraushackte. Wie auch immer: Die Menschen verdanken diesem Titanen wo nicht ihre Existenz, so doch zumindest die Zivilisation. Sowohl der biblische Rebell (Thubalkain) als auch der griechische spiegeln die Ambivalenz von Naturbeherrschung (»Meister in Erz- und Eisenwerk« bzw. Diebstahl des Feuers), vom Heraustreten aus der göttlichen Ordnung, von Selbstherrlichkeit und Befreiung wider.

---

282 1. Buch Mose 4, 11-12
283 1. Buch Mose 4, 22
284 Vgl. Miller, S. 9
285 Edward Tripp: Lexikon der antiken Mythologie, Stuttgart 1974, S. 524

Doch bevor Prometheus zum Archetypus des selbstherrlichen, rebellierenden Künstler-Ichs wurde, hatte ein gewandelter Satan in John Miltons *Paradise lost* (1667) seinen Auftritt. »Bei Milton erhält das Böse endgültig das Stigma gefallener Schönheit«[286] – er nahm Züge des Luzifer in sich auf, der ein Erzengel war, eine engelhafte Lichtgestalt, die sich beim Sturz aus dem Himmel in einen Dämon verwandelte. »Jakob Böhme vermutet […], dass Luzifer seinen Herrn um die Fähigkeit zur Schöpfung des Menschen beneidet habe und aus diesem Grund von ihm abgefallen sei: Er begehrte, ein Künstler zu sein […].«[287]

»Verfluchte Schönheit gehört zu den festen Attributen Satans […]; die Überreste der düsteren Dämonengestalt des Mittelalters«[288] sind bei Milton verschwunden. Der Romantiker Lord Byron (1788–1824) war wohl der erste Künstler, der sich selbst als Ausgestoßener und Verachteter gesehen – oder inszeniert hat. »Wie […] Satan will Byron das Gefühl haben, von der Rache des Himmels mit aller Macht verfolgt zu werden.«[289] Manfred ist der Held seines gleichnamigen dramatischen Gedichts, zu dem Robert Schumann die Bühnenmusik schrieb. Was er von seiner Geliebten Astarte sagt (»Ich liebte und zerstörte sie«), wird »zur Devise der vom Schicksal gezeichneten Helden der romantische Literatur […], sie zerstören sich selbst und die unglückseli-

---

286 Mario Praz: Liebe, Tod und Teufel. Die schwarze Romantik, München 1960, S. 69
287 Peter-André Alt: Ästhetik des Bösen, München 2010, S. 38
288 Praz, S. 69
289 Praz, S. 87

gen Frauen, die in ihre Bahn geraten«.[290] Astarte ist Manfreds Schwester:

> Sie war mir ähnlich von Gesicht,
> ihr Auge, ihr Haar, die Züge, alles bis zum Klang
> sogar der Stimme sprach, dass sie mir gleiche,
> doch alles sanft, zur Lieblichkeit gemildert.[291]

Das ist insofern aufschlussreich, als Manfred gleichsam eine weibliche Kopie seiner selbst suchte, ohne seine eigene dämonische Seite, und doch auf das eigene Ich fixiert war in der Weigerung, sich einem wirklich anderen Menschen zu öffnen.

Symptomatisch sind solche Gestalten insofern, als hier eine gesellschaftliche Tendenz sichtbar wird: die Tendenz, das Ich zu isolieren, sich als vom Anderen und von der Natur getrennt zu erleben und sich als Ich durch Abgrenzung zu definieren. So entwickelt sich der schon in der Renaissance beginnende Geniekult zu einem Künstlerbild, bei dem sich das Ich getrennt vom Anderen, unverstanden von der Gesellschaft und von Gott (sofern Gott da noch eine Rolle spielt) verstoßen fühlt. Künstler wie Baudelaire haben dieses Bild als »poète maudit« (verfluchter Dichter) gelebt und erlitten, und der Held von Huysmans' Roman *A Rebours* lieferte die Identifikationsfigur bis hin zu den Gestalten aus Michel Houellebecqs Romanen.[292]

---

290 Praz, S. 88
291 Deutsch von Joseph Emmanuel Hilscher, nach www.projekt-gutenberg.org
292 Die Hauptfigur aus seinem Roman »Unterwerfung« ist Spezialist für Huysmans.

Der deutsche Philosoph Johann Gottlieb Fichte begann um 1800, das Ich zum Ausgangspunkt seiner Philosophie zu nehmen. »Sich selbst, bloss als sich selbst, d.i. abgesondert von allem, was nicht wir selbst ist, zu denken«[293] sei die Aufgabe der Sittenlehre.[294] Damit provozierte er einerseits heftigen Widerspruch von Jacobi und Schelling, auch von Hölderlin, legte aber zugleich eine immer breiter werdende Spur im europäischen Denken, die das vom Anderen und von der Natur getrennte Ich zum Agens des liberalen Wirtschaftens und der fortschreitenden technischen Naturbeherrschung werden ließ.

Zu Beginn des 20. Jahrhunderts führte der russische Komponist Alexander Skrjabin die beiden Stränge zusammen, die Rebellion des Prometheus und Fichtes Philosophie des Ichs. Skrjabins Aufzeichnungen, veröffentlicht unter dem Titel *Prometheische Fantasien,* zeigen seine »Sympathie mit dem Grundprinzip der Philosophie Fichtes, das bekanntlich in dem Satz ›Ich bin‹ formuliert ist«.[295] Die Gestalt des Prometheus verstand er »vor allem als symbolischen

---

[293] Zitiert nach: Wilhelm G. Jacobs: Johann Gottlieb Fichte, Berlin 2014, S. 78

[294] Christoph Türcke schreibt in seinem Buch »Natur und Gender. Kritik eines Machbarkeitswahns«, München 2021, S. 39 zu Fichte: »Indem sich das Ich durch ›eine Handlung der Freiheit‹ selbst ›setzt‹, ›setzt‹ es zugleich das Nicht-Ich. Und das Nicht-Ich ist nichts Geringeres als die gesamte Sinnenwelt einschließlich der ›Sinnlichkeit‹ des Menschen.« Und einschließlich der Natur, sollte man hinzufügen. Fichte war einer der radikalsten Denker der Trennung von Ich und Natur.

[295] Jürgen Stolzenberg: Esoterik in der Musik der Moderne. Alexander N. Skrjabin, in: Neugebauer-Wölk, Geffarth, Neumann (Hrsg.): Aufklärung und Esoterik, Hallesche Beiträge zur europäischen Aufklärung Band 50, Berlin 2013, S. 553–582

Ausdruck seiner eigenen Theorie des Schöpferischen«.[296] Skrjabin plante ein welterlösendes Mysterium, das alle Künste vereinigen sollte; welche Rolle er dabei selber spielen wollte, blieb im Dunkeln, klar aber war, dass der Klavierpart als Symbol für den individualisierten Willen dienen würde. Fertiggestellt hat er nur die vorbereitende Handlung »Prométhée, le Poème du feu« op. 60 für Klavier, Chor, Orgel, ein groß besetztes Orchester und ein Farbenklavier, das die zu projizierenden Farben den jeweiligen Grundtönen zuordnet und eine geradezu psychedelische Wirkung erzeugt.

Das Werk spiegelt die Ambivalenz der Befreiung des Ichs und zugleich seiner Verhärtung in heroischer Isolation; es ist faszinierend durch seine ganz eigene Sprache, die sich von den vertrauten diatonischen Skalen löst und einen aus Quarten statt aus Terzen aufgebauten »prometheischen Akkord« ins Zentrum stellt. Doch die kurzatmige Phrasenbildung und die starren Motiv-Wiederholungen lassen das verhärtete und wenig wandlungsfähige Ich spüren. Der eindimensionale Orchestersatz, der kaum mehrschichtige Abläufe kennt und deshalb eng wirkt, unterstreicht diesen Eindruck. Gegen Ende lassen die Vortragsbezeichnungen »den Klavierpart als musikalische Darstellung von züngelnden Flammen und Blitzen erscheinen« – vermutlich sollte, wie schon im vorausgegangenen »Poème de l'Extase«, ein »Flammenmeer das Weltall«[297]

---

296 Stolzenberg
297 Marina Lobanova: Mystiker, Magier, Theosoph, Theurg: Alexander Skrjabin und seine Zeit, Hamburg 2004, spricht auf S. 283 von dem »Brand, der die ganze Welt umfasst« (zitiert nach Stolzenberg). Das Feuer, das Prometheus den Göttern stahl, wird hier zum reinigenden Weltenbrand.

erfassen. Wie in den Visionen des Futurismus führt der Weg zu einer befreiten Menschheit über die Zerstörung durch einen alles erfassenden Weltenbrand. Skrjabins früher Tod hat die Realisierung des Mysteriums verhindert.

Die Faszination des Bösen

Der Blick auf die Strömungen im 19. Jahrhundert, die in besonderer Weise die Moderne vorbereitet haben, zeigt eine bemerkenswerte Faszination durch das Böse. In den Künsten wirkt das Böse einerseits als ästhetischer Reiz, der den Autor und das Werk interessant macht, andererseits verdankt sich das Interesse am Bösen der Erforschung der menschlichen Seele bis in ihre dunkelsten Seiten, der schonungslosen Introspektion. Etwas anders liegt die Sache bei einer Identifikation mit dem Bösen wie etwa bei Byron, der sich »bewusst mit der Gestalt des gefallenen Engels«[298] identifizierte. Eine solche Identifikation kann verweisen auf Ausgrenzungserfahrungen, wenn ein Künstler Bereiche anspricht, die tabuisiert sind und auf die die Gesellschaft mit Abwehr reagiert, sie kann aber auch Ausdruck eines heroisch einsamen Ichs sein, das sich vom Anderen und von der Natur getrennt fühlt.

Einem solchen Gefühl des Getrenntseins verdankt auch die Gestalt des in-sich-selbst-verliebten Narziss seine Beliebtheit, oft in weiblicher Verkleidung, wie bei Stépane Mallarmé in seiner Dichtung *Hérodiade* (»Ich blühe nur für

---

298 Praz, S. 83. Der Ahnherr dieser Gestalten besonders in der französischen Romantik, de Sade, soll nicht unerwähnt bleiben. Er hatte offenbar aber keine mythologische Verkleidung nötig.

mich allein«)[299] oder bei Paul Valéry *(Die junge Parze)*. Einerseits ermöglicht der Rückzug auf das eigene Ich und seine Innenwelt eine Blütezeit der Lyrik, andererseits aber vermag ein Ich, das die Verbindung zum Anderen getrennt hat, kein Mitgefühl und keine Verbundenheit mehr empfinden kann, mit einem gleichsam chirurgisch-kalten Blick zu beobachten und zu beschreiben. Ein weniger bekannter Schriftsteller schrieb schon vor Flaubert: »Mir ist das Bewusstsein von Gut und Böse völlig verloren gegangen [...], ich könnte kaltblütig die grausamsten Szenen ansehen.«[300] Vielleicht ist sogar das Ich, das sich in der Haltung von Distanz und Kälte vom Anderen getrennt weiß, die Voraussetzung dafür, dass die europäische Kultur im 19. Jahrhundert im Medium der Kunst das Innere des Menschen erforschen konnte bis in die Bereiche von Sadismus und Perversion?

Aber warum wurde so fasziniert auf das Böse gestarrt, ohne zu fragen, wie es entstehen konnte, welche traumatischen Erlebnisse, welche Gewalterfahrungen, welche Schicksale zu solchen Phänomenen führen konnten? Ohne Mitgefühl kann es zu einer Identifikation mit den dunklen Seiten kommen, und ein distanzierter Blick, ein kalter Ästhetizismus macht aus dem Leiden einen Kunstgenuss.

Die Oper »Salome« von Richard Strauss nach dem Drama von Oscar Wilde erzählt die Geschichte der jungen Prinzessin Salome und ihrer perversen Liebe zu dem Propheten Jochanaan. Ihr Stiefvater Herodes möchte, in kaum verhüll-

---

299 Stéphane Mallarmé: Sämtliche Gedichte, deutsch von Carl Fischer, Heidelberg 1957, S. 69
300 Gautier d'Albert, zitiert nach Praz, S. 160

tem Begehren, dass sie für ihn den »Tanz der sieben Schleier« tanzt – sie dürfe sich zur Belohnung etwas wünschen. Sie wünscht sich den Kopf des Jochanaan. Kann es sein, dass es vor dieser Geschichte schon zu einem Missbrauch durch den Stiefvater gekommen ist? Das könnte Salomes Verhalten psychologisch verständlich machen. Aber es scheint, dass erst Klaus Guth 2016 in seiner Berliner Inszenierung das Werk daraufhin befragt hat. Ein Kritiker der Uraufführung hatte noch bewundernd geschrieben: »Satanischeres und Artistischeres hat die deutsche Opernbühne nicht gesehen.«[301] Das Böse wurde damals gleichsam entpersonalisiert als ästhetischer Reiz wahrgenommen, und für die verborgenen Motive der Salome hat sich offenbar niemand interessiert.

Huysmans legt eine vielleicht wichtige Spur mit seiner Bemerkung, Sadismus sei ein »Bastard des Katholizismus«.[302] Die Macht des Sadismus, so schrieb er, »liegt in der Missachtung der Vorschriften des Katholizismus, welche man geradezu umkehrt. Um nämlich Christus besonders schwer zu beleidigen, begeht man die von ihm mit Nachdruck verurteilten Sünden: die Verunglimpfung des religiösen Kultus und fleischliche Orgien.«[303] Im Hexensabbat sieht sein Held Des Esseintes »alle obszönen Handlungen und Gotteslästerungen des Sadismus«.[304] So kehren die Vorstel-

---

301 Ernst Decsey, zitiert nach: Alex Ross: The Rest is Noise, München 2009, S. 24
302 Nach Praz, S. 269
303 Nach Praz, S. 269
304 Nach Praz, S. 269. Huysmans hat den »Hexenhammer« studiert: »Beim Lesen des ›Malleus maleficorum‹, dieses schrecklichen Kodex des Jakob Sprenger ...« heißt es im Roman S. 142.

lungen der Renaissance über den Hexensabbat mit allen Unterstellungen im Gewand des Ästhetizismus wieder, auch mit der Dämonisierung der Natur als Sphäre des Bösen, allerdings jetzt in positiver Identifikation.

So stellt sich die Frage an das Christentum: Wie weit bringt die Trennung von Gott und Natur das Böse hervor? Gibt es eine Verbindung von Jahwes »Ich bin, der ich bin« zur Idee des sich abgrenzenden Ichs, zum kalten distanzierten Blick? Wenn die Natur nur Gottes Schöpfung ist, wenn Gott sich nicht in ihr manifestiert, kann die Natur – und die Natur im Menschen – dann nicht auch leicht zum Nicht-Göttlichen, Gegen-Göttlichen, zum Bösen werden? Wie würde sich die Frage nach dem Bösen stellen vom Standpunkt des »Ich bin alles, was ist«, vom Standpunkt der All-Einen-Lehre der Isis?

Für die fernöstlichen Religionen stellt sich die Frage nach dem Bösen ohnehin anders. Natürlich gibt es auch dort böse Handlungen, aber Aung San Suu Kyi sagt: »Ich glaube, im Buddhismus gibt es nicht einmal ein Wort für ›das Böse‹ schlechthin.«[305] Das Böse als Prinzip, als eigenständige gegengöttliche Kraft könnte eine spezifisch christliche Vorstellung sein als Folge eines unvollständigen Gottesbildes. Ken Wilber schreibt: »Auch der Osten hat seine Satansgestalten. Diese galten jedoch als niedere Manifestationen Gottes,« mit dem ganz wichtigen Zusatz: »solange man sie nicht um ihrer selbst willen verehrte«. Wilber fährt fort: »Nur im Abendland, wo die Dissoziation von Ego-Geist und Körper zustande kam, nahm der jetzt von bewusster Teilnahme abgeschnittene Typhon wirklich bedrohliche Formen an (als Satan) und

---

305 Aung San Suu Kyi: Der Weg in die Freiheit, Göttingen 2009, S. 63

wurde schließlich zur höchsten Verkörperung des Bösen.«[306] Hat das Abendland Kräfte im Menschen und in der Natur, die aufbauend und hilfreich, aber auch zerstörerisch wirken können, von vornherein unter den Verdacht gestellt, »böse« zu sein? Im Hinblick auf den tibetischen Buddhismus schrieb Lama Anagarika Govinda: »Furchterregende und friedvolle Gestalten durchdringen einander und verwandeln sich ineinander, denn die göttlichen und dämonischen Gewalten sind im Grunde nicht wesenhaft verschieden. Sie sind lediglich verschiedene Aspekte der gleichen Energie; sie erscheinen uns nur in unterschiedlicher Form.«[307]

Vielleicht wird ein Christentum, das sich wieder stärker auf die neuplatonische Lehre des All-Einen besinnt, das sich mit dem Kosmotheismus verbindet, auch einmal eine solche Perspektive einnehmen können wie der Buddhismus. Dann verliert das Böse seinen luziferischen Glanz, und Verbundenheit und Mitgefühl können »das Böse« verwandelt in den göttlichen Kosmos aufnehmen. Bei Jakob Böhme deutet viel in diese Richtung, und der Romantiker George MacDonald

---

306 Ken Wilber: Halbzeit der Evolution, München 1988, S. 242. Der »Typhon« steht für das früheste Stadium der Menschheitsentwicklung, »in der das Ich und der Körper noch nicht eindeutig differenziert sind« (S. 60), »Halb Mensch, halb Schlange, Mensch und Tier […] sind ineinander verschlungen – das ist das typhonische Ich« (S. 61). Typhon ist einer der Titanen aus der griechischen Mythologie.
307 Lama Anagarika Govinda: Buddhistische Reflexionen, Bern–München–Wien 1998, S. 85. Govinda ist gebürtiger Deutscher und hat lange im Osten gelebt. Und auch »die Aggressionsforscher sagen, das Böse ist letztlich eine Vitalkraft. Das Böse wandelt nur sein Gesicht.« (Reinhard Haller: »Jeder Mensch ahnt, dass er Böses in sich hat«, Interview mit Wiebke Hollersen, Die Welt, 26.10.2019)

hat in seinem Roman *Lilith*[308] einen Mythos von der Wandlung des Bösen geschaffen: Lilith ist, in seiner Lesart, ein weibliches Gegenstück zu Luzifer; sie entfernte sich selbstherrlich aus dem Paradies, verhärtet zu einem nächtlichen, Kinder fressenden Dämon, und wurde nach einer dramatischen Verwandlung zum Schutzengel von Mutter und Kind.

Märchen

Die Grenze zwischen Mythos und Märchen ist nicht klar zu ziehen, denn Mythen können »ein dem Märchen sehr ähnliches Handlungsschema besitzen«,[309] geht es doch in beiden Bereichen oft um Reifungsprozesse, seelisches Ganzwerden, um Reisen ins Totenreich zu den Ahnen, um den Kampf mit (inneren) Dämonen, um Verwandlungen … In den *Metamorphosen* des römischen Dichters Ovid findet sich viel Märchenhaftes, und umso bemerkenswerter ist es, dass im Mittelalter zwar hin und wieder märchenhafte Elemente auftreten, dass es aber keine Hinweise auf eine nennenswerte Verbreitung von Volksmärchen gibt.[310]

»Im 16. Jahrhundert beginnen die Quellen reichhaltiger zu fließen.«[311] Wieder treffen wir auf die Zeit der Renaissance als Wendepunkt. Sollte es einen kausalen Zusammenhang geben zwischen dem Kampf gegen die Naturreligion, gegen die Vorstellung einer beseelten Natur, den Hexen-

---

308 George MacDonald: Lilith, Stuttgart 1977
309 Max Lüthi: Märchen, Stuttgart 1974, S. 44
310 Lüthi, S. 47
311 Lüthi, S. 48

verfolgungen und der steigenden Beliebtheit von Märchen? Leben in den Märchen Motive der vorchristlichen Naturreligion weiter? Ist es Zufall, dass die ersten Märchensammlungen ab 1556 in Italien veröffentlicht wurden, dem Ursprungsland der Renaissance?[312]

Längst hat die Märchenforschung belegt, dass die scheinbar kindlichen Erzählungen den Schlüssel für tiefere Einsichten enthalten. »Dieser goldene Schlüssel eröffnet sinnbildlich [...] die Pforte zu einer ganzen Welt geheimer und wunderbarer Sinnzusammenhänge.«[313] Mehr noch: zum Weiterleben der scheinbar überwundenen Vergangenheit im Unbewussten, »denn wie unser Körper die Spuren der Ahnenwelt in sich trägt, so müssen wir dasselbe auch von unserer Seele annehmen. [...] Das Unbewusste ist also auch das Toten- und Ahnenland, in dem die ursprünglichen Lebensimpulse und die Weisheit ungezählter Geschlechter als kostbares, in bestimmten Situationen jederzeit wieder reaktivierbares Gut aufbewahrt sind.«[314]

Die Märchenforschung hat viele Motive gefunden, die eine Verbindung des bewussten Menschen über das Unbewusste zur Natur betreffen – und dabei spielen Naturgeister

---

312 Lüthi, S. 48–49. Die spätere Sammlung von Charles Perrault erschien im 17. Jahrhundert, und bald entstanden auch in Deutschland Sammlungen mündlich überlieferter Volksmärchen (Musäus 1782/86), bald auch Kunstmärchen. Die »Kinder- und Hausmärchen« der Brüder Grimm erschienen zuerst 1816.
313 Wilhelm Laiblin: Symbolik der Wandlung im Märchen, in: Wilhelm Laiblin (Hrsg.): Märchenforschung und Tiefenpsychologie, Darmstadt 1975, S. 347
314 Laiblin, S. 358–359

als Vermittler eine wichtige Rolle: Es gilt, diesen Wesen zu lauschen, denn »es gibt unbewusste Inhalte, die danach drängen, bewusst zu werden, und die, wie die Elfen, sich rächen, wenn dies nicht berücksichtigt wird«.[315] Jenseitsreisen weisen auf den Glauben der Germanen zurück, »dass die in die Erde eingegangenen Toten tieferen Wissens teilhaftig sind und darum in Not und Gefahr von den Lebenden zu Rat und Hilfe gerufen werden«.[316] Die Aufgaben »der Wegweisung, der magischen Helfer und der Integration des Schattens«[317] übernehmen nicht allein verschiedene Tiere, »sondern auch allerlei erdhafte Gestalten wie […] Zwerge und Riesen«.[318] Die vielfältig symbolisierten Kräfte des Unbewussten helfen bei der Lösung schwieriger Aufgaben, auch da, »wo die Tiefenseele aus tierhafter Verzauberung zu ihrer königlichen Gestalt ›erlöst‹ werden muss«.[319] »Nicht selten geht die Verwandlung stufenweise vor sich […]. Durch diese stufenweise Erhellung des Unbewussten […] kehrt der Mensch, freilich auf höherer Ebene, wieder zurück in jene Allverbundenheit, die ihm mehr und mehr im Laufe seiner Entwicklung verloren gegangen war.«[320] Ein Zeichen für eine Allverbundenheit »ist das Verstehen der Tiersprache«, und ein »Vertrautwerden mit den drei großen Elementen Erde, Luft und Wasser. […] Dieses Verwobensein mit allem Lebendigen liegt in

---

315 Emma Jung: Die Anima als Naturwesen, in: Laiblin, S. 275
316 Laiblin, S. 361
317 Laiblin, S. 365; der Begriff des Schattens im Sinne von C. G. Jung, als unbewusste, verdrängte oder abgespaltene Teile der Persönlichkeit.
318 Laiblin, S. 365
319 Laiblin, S. 367–368
320 Laiblin, S. 368

uns.«[321] In den Märchen finden wir viele Motive der Naturreligion: die Geister, die Magie, die Verwandlung in Tiere und von Tieren in Menschen, schamanische Jenseitsreisen und das Verbundensein mit der Natur.

Im Märchen gibt es Zauber, und auch die durch Zauber symbolisierten Verwandlungen und Entwicklungsschritte können – auf psychischer Ebene – nicht ungefährlich sein. Kräfte der Seele treten dem bewussten Ich als Tiere oder Naturgeister gegenüber – und auch hier wollen sie respektiert werden. Die Naturreligion lebt im Unbewussten weiter und enthält Schlüssel nicht nur für die seelische Entwicklung des Menschen, sondern auch für ein Verständnis der Natur jenseits der mechanistischen Weltsicht. Aber diese Symbolsprache muss verstanden werden. Goethe führt in seinen naturwissenschaftlichen Studien einen lateinischen Spruch an, den man übersetzen könnte: »Die Natur ist ohne Grenzen. Wer aber in seiner Seele mit den Sinnbildern Umgang pflegt, wird Einsicht in alle ihre Erscheinungen gewinnen. Denn es ist uns nicht vergönnt, sie unmittelbar in ihrer Ganzheit zu erkennen.«[322] Hier finden wir wieder die Verbindung von Selbsterkenntnis und Naturerkenntnis, wie sie Pico della Mirandola schon gedacht hatte.

Das kulturelle Unbewusste

Das Unbewusste hat bekanntlich mehrere Schichten, die miteinander in Verbindung stehen. Da gibt es als einen Pol

---

321 Laiblin, S. 369
322 Laiblin, S. 373–374

das »persönliche Unbewusste«, das von der individuellen Lebensgeschichte und den persönlichen Erfahrungen geformt wird. Als anderer Pol erscheint das »kollektive Unbewusste«, in dem uralte menschheitsgeschichtliche Bilder und Symbole gespeichert sind, oft in einer Tiefe, in der es Gemeinsamkeiten von sonst überaus unterschiedlichen Kulturen gibt. Aber man sollte auch noch einen Zwischenbereich annehmen, in dem die jeweils eigene Kultur prägend wirkt für die Symbolsprache und für das, was verdrängt und vom Bewusstsein verleugnet wird, das andererseits aber auch die persönlichen Erfahrungen und das persönliche Unbewusste beeinflusst und färbt. Dafür hat Jan Assmann den Begriff des »kulturellen Unbewussten« eingeführt. Auf dieser Ebene ist entscheidend, ob und in welchem Maße bei der Entfaltung der Rationalität die naturreligiöse Vergangenheit verdrängt und tabuisiert wird.

Im Abendland fand dieser Prozess besonders ausgeprägt statt, und damit konnte das Verdrängte eine nicht ungefährliche Dynamik entfalten, wie die Faszination des »Bösen«, ebenjener verdrängten Bereiche, zeigt. Die Hexenverfolgungen gingen im 17. Jahrhundert zu Ende, und damit war die germanisch-naturreligiöse Weltsicht weitgehend ins Unbewusste abgedrängt. Assmann definiert das »kulturelle Unbewusste« als »Langzeitgedächtnis, dessen Horizont üblicherweise mehrere Jahrhunderte umfasst«.[323] Die germanische Zeit und die Naturverehrung sind also nicht

---

323 Jan Assmann: Das kulturelle Gedächtnis und das Unbewusste, in: Buchholz, Gödde (Hrsg.): Das Unbewusste in aktuellen Diskursen, Gießen 2005, S. 368–392

aus den Seelen verschwunden. So kam es im 18. Jahrhundert zu einer Wiederentdeckung. Einer der entscheidenden Auslöser war die Dichtung des vermeintlich keltischen Barden Ossian, der als der »nordische Homer« gefeiert wurde und dessen Fragmente eines schottischen Nationalepos der Dichter James Macpherson (1736–1796) aus dem Altgälischen übersetzt zu haben vorgab. Schubert hat etliche Texte von Ossian vertont, und noch bei Brahms finden wir in dem Chorlied op. 17 Nr. 4 einen »Gesang aus Ossians Fingal[324]«:

Wein an den Felsen der brausenden Winde,
weine, o Mädchen von Inistore!
Beug über die Wogen dein schönes Haupt,
[...]
Trenar, der liebliche Trenar starb,
O Mädchen von Inistore!
Seine grauen Hunde heulen daheim,
sie seh'n seinen Geist vorüberzieh'n.

Eine Totenklage in schroffer, wilder Landschaft mit einer Geistererscheinung ... die Szenerie entspricht dem, was man bald als »das Erhabene« dem am griechischen Ideal orientierten »Schönen« gegenüberstellte. Allerdings stellte sich bald heraus, dass Macpherson zumindest die meisten Teile selber gedichtet – und damit offenbar den Nerv der Zeit getroffen hat.

---

324 Fingal ist ein sagenhafter König.

Die Gegenüberstellung von germanisch-keltischer und griechischer Welt bestimmt das Gedicht »Der Hügel und der Hain« von Friedrich Gottlieb Klopstock (1724–1803). Der an der griechischen Ästhetik orientierte Dichter beschwört die versunkene germanische Vergangenheit, repräsentiert durch einen Barden:

> Lass mich weinen, Schatten,
> Lass die goldene Leier schweigen!
> Auch meinem Vaterlande sangen Barden,
> Und ach, ihr Gesang ist nicht mehr!
> […]

Der beschworene Barde antwortet:

> Was zeigst du dem Ursohn meiner Enkel
> Immer noch den stolzen Lorbeer am Ende deiner Bahn,
> Grieche? Soll ihm umsonst von des Haines Höh'
> Der Eiche Wipfel winken?
>
> Zwar aus Dämmerung nur; doch ach, er sieht
> In meiner Brust der wütenden Wurdi[325] Dolch,
> Und mit der Eile des Sturms eilt vorüber der Augenblick,
> Da ich ihm von der Barden Geheimnisse singen kann.

Später werden Griechentum und germanische Welt direkt verbunden im Bild der Natur:

---

325 Wurdi ist die Norne der Vergangenheit.

Des Hügels Quell ertönet von Zeus,
Von Wodan der Quell des Hains.[326]

Fast noch ausgeprägter als die späteren Romantiker ist Klopstock ein Beispiel für eine nicht festgelegte religiöse Identität: Sein großes christliches Epos *Der Messias* steht neben Gedichten, die die Natur feiern, Oden mit germanischem Sujet neben Kirchenliedern wie das »Auferstehn, ja auferstehn ...«, das Mahler im Finale seiner 2. Symphonie vertont hat. Unter dem Dach des Kosmotheismus finden offenbar problemlos Christentum und Heidentum Platz – und dass Klopstock dem Kosmotheismus verpflichtet war, zeigt sein Gedicht »Dem Allgegenwärtigen«.[327]

Am umfassendsten wohl werden in Goethes *Faust* Kosmotheismus, Christentum, Alchemie und Heidentum zusammengeführt, durchaus nicht immer harmonisierend, sondern auch im dramatischen Gegeneinander, wie in Fausts Antwort auf die Gretchenfrage deutlich wird: Faust entwickelt dem christlich-frommen Gretchen seine naturphilosophische Sicht – die Brücke eines gemeinsamen Verstehens ist gefährlich schmal.

In Mephistopheles finden wir eine Satansgestalt, aber ohne den luziferischen Glanz wie früher bei Milton und später bei den französischen Romantikern, wir finden einen

---

326 G. F. Klopstock: Oden und Epigramme, Leipzig o.J., S. 153–157
327 Klopstock, S. 91–96; da heißt es zur Erde: »Gott würdigt auch Dich, Dir gegenwärtig zu sein;« und zur Blume: »Gott ist, wo die Blum‹ ist.«

Hexensabbat mit lästerlichen Parodien auf das Christentum und seine Kulte, die auf die schwarzen Messen und den Satanismus der »schwarzen Romantik« vorausdeuten ... all das war folgenreich nicht nur für die Literatur, sondern auch für die Musik – man denke an den Hexensabbat in der »Symphonie Fantastique« von Hector Berlioz.

Doch im Gegensatz zu den allermeisten seiner Nachfolger ist bei Goethe alles in einen religiösen Rahmen eingefügt, vom Prolog im Himmel bis zur Schlussszene, und damit erhält das Böse, Mephistopheles, einen Platz in der göttlich-kosmischen Ordnung, vielleicht vergleichbar den Satansgestalten der östlichen Religionen. Sehr unterschiedlich wurde im Verlauf der Wirkungsgeschichte die Hauptfigur Faust selbst beurteilt, teils als eine Art neuer Prometheus,[328] der durch Wissen und Macht im Verbund mit dem Teufel die göttliche Ordnung herausfordert, teils als typischer Vertreter des modernen europäischen Menschen. Für Oswald Spengler ist die faustische Kultur »Willenskultur«, »Vervollkommnung des Ich, Rechtfertigung des Ich durch Glauben und gute Werke, [...] und endlich das Höchste: Unsterblichkeit des Ich«.[329] In dieser Lesart deutet sich eine Ich-Bezogenheit an, die zum Problem für den Westen und später auch zu einem kritischen Blick auf Faust führen sollte. So schrieb bereits 1949 Ernst Wilhelm Eschmann: »Über ein Jahrhundert lang ist Faust mit dem Typ des rücksichtslosen

---

328 Dazu: Jacques le Rider: Faust – seine Seele verkaufen, in: Étienne François, Thomas Serrier (Hrsg.): Europa, Darmstadt 2019, S. 235
329 Oswald Spengler, zitiert nach: Helmut Kobligk, Goethes Faust I, Gundlagen und Gedanken zum Verständnis des Dramas, Frankfurt a. M. 1981, S. 11

Scientisten, des technischen Großorganisators [...] gleichgesetzt worden. Nicht verwunderlich darum, dass heute die Enttäuschung an diesen Idealen zurückschlägt und vom ›Dämon Faust‹, von ›faustischer Blasphemie‹ usw. die Rede ist, wiederum am wirklichen Gehalt des Gedichts vorbeiurteilend.«[330]

Die frühe Romantik ist die Epoche, die sich intensiv mit dem kulturellen Unbewussten auseinandersetzte, besonders auch, weil das Verhältnis zur Natur ihr zentrales Thema war. Eine geradezu »bezaubernde« Verbindung von bürgerlicher Realität und Märchenwelt, Magie und Alchemie hat E. T. A. Hoffmann in *Der goldene Topf* geschaffen, entstanden in einer Situation, wo Magie bereits Vergangenheit, aber die Tradition der Alchemie noch nicht ganz abgerissen war, zugleich in einer Situation, wo der gelegentlich doch recht flache Rationalismus der Aufklärung viele Menschen davon abhielt, Phänomene wie Magie und Naturgeister noch ernst zu nehmen. Erzählt ist das Märchen in zarter, schwebender Ironie, die sich aus dem Konflikt zwischen der nüchtern-rationalen Bürgerwelt und dem Wunderbaren, Symbolischen ergibt, und doch enthält das Werk in seiner tiefenpsychologisch deutbaren Symbol- und Bildersprache Weisheit jenseits aller Ironie.

In »der unglücklichen Zeit, wenn die Sprache der Natur dem entarteten Geschlecht der Menschen nicht mehr verständlich« ist, »entzündet sich der Feuerstoff des Salamanders aufs Neue [...] und muss, ganz eingehend in das dürftige Leben, dessen Bedrängnisse ertragen. Aber nicht allein

---

[330] Zitiert nach: Kobligk, S. 12

die Erinnerung an seinen Urzustand soll ihm bleiben, sondern er lebt auch wieder auf in der heiligen Harmonie mit der ganzen Natur, er versteht ihre Wunder, und die Macht der verbrüderten Geister steht ihm zu Gebote.«[331] Urzustand im Einklang mit der Natur, Entfremdung und Wiedervereinigung – dieser archetypische Verlauf steht im Hintergrund der Erzählung. Der Salamander, ein verbreitetes alchemistisches Symbol, verkörpert sich im Archivarius Lindhorst. Zuerst aber begegnet die Hauptfigur, der Student Anselmus, einem alten Weib, das sich später als magische Praktiken ausübende Hexe erweist, und dann Serpentina, einer grünen Schlange, einem heidnischen Naturgeist. »Anselmus ahnt, dass die Mächte, die nun ihr Spiel mit ihm treiben, alte heidnische Naturgeister sind. Auf seinem Weg nach innen, seinem Individuationsweg, kämpfen die christlichen Kräfte seines Bewusstseins und die archaischen Götter, die in seinem Unbewussten schlafen, um seine Seele,«[332] so die Interpretation der Jung'schen Psychologie. Anselmus gerät also zwischen die Bürgerstochter Veronika (... die aber auch einmal die Hexe um Hilfe bittet) und Serpentina, die Tochter des Archivarius. Im sagenhaften Atlantis verbinden sich Anselmus und Serpentina: »Du brachtest mir die Lilie [...], sie ist die Erkenntnis des heiligen Einklangs aller Wesen.«[333] Dann aber lenkt Hoffmann den Blick wieder zurück auf seine eigene armselige Realität und fragt sich: »Ist denn über-

---

331 E. T. A. Hoffmann: Der goldene Topf, Stuttgart 2004, S. 69
332 Paul-Wolfgang Wührl: E. T. A. Hoffmann, Der goldene Topf. Erläuterungen und Dokumente, Stuttgart 1982, S. 23
333 Hoffmann, S. 101

haupt des Anselmus Seligkeit etwas anderes als das Leben in der Poesie?«[334] Vielleicht kann Hoffmanns Märchen mit seiner Symbolik mehr zum Verständnis der alchemistischen Tradition beitragen als problematische Versuche, deren Bilderwelt rational zu erklären.

Eigentlich ist es nicht verwunderlich, dass die Symbol- und Bilderwelt der Alchemie auch für bildende Künstler inspirierend war. Bei Philipp Otto Runge findet sich ein direkter Bezug: Sein Entwurf »Fall des Vaterlandes« hat sein Vorbild im »alchemistischen Sämann« – auf dem Erdboden, unter dem ein Toter liegt, wird gepflügt, eine Darstellung des alchemistischen »Stirb und Werde«.[335] Runge ist, wie viele Romantiker, von Jakob Böhme beeinflusst; sein Kosmos ist beseelt: »Gott aber würket Alles in Allem.«[336] Runge »sah das Ziel seiner Kunst darin, die beiden wunderbaren Sprachen der Natur und der Kunst miteinander zu verschmelzen. Seine Kunst sollte die Sprache der Natur sprechen. Das Fundament seiner Vision einer neuen Kunst war die Überzeugung des universalen Zusammenhanges, in dem das Ich sich empfindet und Gott zu ahnen vermag.«[337]

---

334 Hoffmann, S. 102
335 Runge in seiner Zeit, Katalog der Kunsthalle Hamburg, Hamburg 1977, S. 130/131, dazu auch S. 110
336 Runge, zitiert nach: Klaus J. Bracker: Philipp Otto Runges »Morgen« und das indische Märchen »Sakuntala«, in: Moritzen, Straßner: Kosmos Runge. Die Nachtseite der Dinge, Hamburg 2011, S. 400
337 Franz Büttner: »Die Quelle der neue Kunst«. Zum zweihundersten Todestag von Philipp Otto Runge, in: Bertsch, Gaßner, Howoldt (Hrsg.): Kosmos Runge. Das Hamburger Symposium, Hamburg 2013, S. 19

Seine »Tageszeiten« verbinden – auch in der Beziehung von Rahmensymbolik und eigentlichem Bild – Kosmotheismus und eine aus der alchemistischen Tradition stammende Bildersprache. Wird diese aber noch verstanden? Seine Motive bilden »ein rein künstlerisches Universum, das kaum lesbar ist. Seine Zeichen ›bedeuten‹, aber was? Schon Runges Zeitgenossen baten ihn vergeblich um eine Erklärung.«[338] Runge selber sprach von einer »inneren Musik« auch in der bildenden Kunst. Möglicherweise war ihm die unmittelbar ansprechende Bedeutung gar nicht so wichtig. »Wenn Runge die Zeiten mit einer Symphonie vergleicht, kommt es ihm auf die von ihm verwendeten Kompositionsprinzipien an. Gemäß der Analogie mit einer Symphonie hatte er in den Zeiten versucht, durch Zusammenfügung der Motive zu klaren Strukturen einen allumfassenden Effekt hervorzubringen.«[339]

Tatsächlich wird die Analogie zur Musik immer dann wichtig, wenn es um die Frage geht, wie Natur in nicht realistischer, nicht naturalistischer Kunst transformiert erscheinen kann. Musikalische Prinzipien könnten der Schlüssel sein für eine Transformation von Natur in Kunst.

Die Musik stand auch Pate bei dem Versuch, die Natur mit der germanischen Götterwelt auf die Bühne zu bringen und zugleich das Verhältnis des Menschen zur Natur kritisch zu reflektieren: bei Richard Wagner mit seinem Opern-

---

338 Pauline Kintz: Das befreite Bild. Die bildende Tätigkeit Runges im Lichte der frühromantischen poetischen Theorie von Novalis und Friedrich Schlegel, in: Bertsch, Gaßner, Howoldt, S. 64
339 Kintz, S. 66

Zyklus »Der Ring des Nibelungen«. Wagner fand in der Verbindung von Göttermythen und Heldensagen einen Weg, zugleich die Gesellschaft seiner Zeit zu spiegeln. »Er hat nicht etwa den überlieferten Mythos erneuert und umdekoriert, sondern die Bestandteile verschiedener Herkunft zu einem neuen Mythos verbunden.«[340]

Am Anfang steht der Raub des Rheingolds durch Alberich, das Ende des Naturzustandes und der Beginn der Herrschaft des Geldes um den Preis, der Liebe zu entsagen: das Motiv der Trennung des Ichs vom Anderen und des Verlustes der Verbundenheit. Aber auch Wotan frevelt an der Natur: »Von der Weltesche brach da Wotan einen Ast, eines Speeres Schaft entschnitt der Starke dem Stamm.«[341] Der Speer wurde für Wotan zum Symbol der Herrschaft, für Verträge zwar auch, aber mit denen nahm Wotan es ja nicht so genau. Die Norne berichtet: »In langer Zeiten Lauf zehrte die Wunde den Wald, falb fielen die Blätter, dürr darbte der Baum.«[342] Als Siegfried dem ohnehin in eine aussichtslose Situation verstrickten Wotan den Speer zerhieb, ließ Wotan die Weltesche fällen: »Die Esche sank, ewig versiegte der Quell.«[343] Die Scheite der Esche werden um Wotans Burg Walhall aufgehäuft – in Brand gesetzt, lassen sie die Burg in Flammen aufgehen.

Frevel an der Natur, Geld und Macht führen zum Untergang der Götter, zur »Götterdämmerung«, die in der germa-

---

340 Martin Gregor-Dellin: Richard Wagner, München 1980, S. 363
341 Richard Wagner, Götterdämmerung, Vorspiel, Nornen-Szene
342 Wagner, Nornen-Szene
343 Wagner, Nornen-Szene

nischen Religion ihr Vorbild hat: »Seit Baldurs[344] Tod geht die Welt unaufhaltsam ihrem Untergang entgegen [...] Aber nachdem alles zunichte geworden ist, beginnt ein neuer Anfang.«[345] Wagner hat den Schluss der Ring-Tetralogie mehrfach umgedichtet – ob das Ende der Götter die Geburtsstunde einer befreiten Menschheit oder das Ende der Welt darstellt, bleibt in der Schwebe.

Wagner hatte ein kritisches Bewusstsein für die Problematik von Naturbeherrschung und Technik – er schrieb, dass »die Natur zu meistern nur denen gelingen kann, die sie verstehen und im Einverständnis mit ihr sich einzurichten wissen«.[346] In seiner letzten Oper »Parsifal« versuchte er, die Erlösung von Mensch und Natur zusammenzuführen: »Nun freut sich alle Kreatur auf des Erlösers holder Spur [...] Das merkt nun Halm und Blume auf den Auen, dass heut des Menschen Fuß sie nicht zertritt«, heißt es im »Karfreitagszauber«.[347] Vor allem aber hat er im »Ring« und im »Parsifal« der Natur an vielen Stellen durch sein Orchester eine Stimme verliehen, sie Klang werden lassen.

Doch hat er nicht versucht, die Musik der alten Germanen anklingen zu lassen – es weiß ja auch keiner, wie sie geklungen haben könnte. Das allerdings führt zu der Frage, ob bei der künstlerischen Darstellung von älteren kulturellen Schichten nicht auch die Darstellungsmittel sich diesen älteren Bewusstseins- und Ausdrucksformen anverwandeln soll-

---

344 Baldur – der Gott des Frühlings
345 Glasenapp, S. 130
346 Richard Wagner: Religion und Kunst (1880), in: Richard Wagner: Mein Denken, hrsg. von Martin Gregor-Dellin, München 1982, S. 393
347 Richard Wagner, Parsifal, 3. Akt

ten – und welchen Preis eine solche Anverwandlung haben könnte. In Russland lag wegen seiner späten Christianisierung die Zeit der Naturreligion noch gar nicht lange zurück. Dort wurde der Gott der Frühlingssonne verehrt, Jarilo, der im Frühling die Fruchtbarkeit der Erde möglich macht. Nikolai Rimski-Korsakow erzählt in seiner Oper »Snegurochka« (»Schneeflöckchen«) von der Tochter der Frühlingsfee und des Frostes, von ihrer von der Mutter geerbten Sehnsucht nach Liebe und vom Vater geerbten Unfähigkeit dazu. Schließlich findet sie doch einen Geliebten: Beide vereinigen sich in Liebe, doch ein Sonnenstrahl trifft das Mädchen: Schneeflöckchen vergeht. Verzweifelt stürzt sich ihr Geliebter vom kahlen Berg – beide sind Opfer für Jarilo, dem das Volk im Finale huldigt.[348] In dieser Oper klingt zum ersten Mal das Motiv eines Opfers für den Frühling an, und vor allem: Rimski-Korsakow findet schon eine spezifische Klanglichkeit für die Welt der heidnischen Naturverehrung.

Igor Strawinsky schrieb: »Als ich in Petersburg die letzten Seiten des ›Feuervogel‹ niederschrieb, überkam mich eines Tages [...] die Vision einer großen heidnischen Feier: Alte weise Männer sitzen im Kreis und schauen dem Todestanz eines jungen Mädchens zu, das geopfert werden soll, um den Gott des Frühlings günstig zu stimmen.«[349] Doch auch das Gedicht »Man errichtet Jarilo« von Sergei Mitrofanovic Gorodezki (1884–1967) begann eine Rolle zu spielen,

---

[348] Folgt der Inhaltsangabe im Booklet der bei Capriccio erschienenen CD
[349] Zitiert nach: Volker Scherliess: Meisterwerke der Musik. Igor Strawinsky, Le Sacre du Printemps, München 1982, S. 5–6

das einer Sammlung entstammt, »in der Gorodezki die Götter des altrussischen Volksglaubens besingt«.[350]

> Er (der alte Zauberer) nahm eine (der Priesterinnen)
> und führte sie heran,
> wälzte sie auf den Stamm (der Linde),
> band sie fest.
> Er ließ die Axt pfeifen –
> [...]
> Es erhoben andere nach ihm
> die blutige Axt
> [...]
> Und der Stamm wurde blutig,
> er nahm ein Gesicht an.[351]

Strawinsky wollte »der ganzen Komposition das Gefühl der Verbundenheit mit der Erde geben«[352] – aber um den Preis der Verbundenheit mit dem geopferten Mädchen. »Le Sacre du Printemps« steht in der Tradition des Ästhetizismus, der unbewegt und mitleidslos Grausamkeiten darstellen kann. Das Werk ist aber genial darin, durch Anverwandlung an eine imaginierte archaische Welt die ältere kulturelle Schicht von Naturverehrung und Menschenopfer ins Bewusstsein zu heben, Klang werden zu lassen. Der Preis dafür liegt im Verzicht auf Mitgefühl, und musikalisch im Verzicht auf die

---

350 Scherliess, S. 6
351 Zitiert nach Scherliess, S. 87, mit Hinzufügungen in Klammern zum besseren Verständnis
352 Scherliess, S. 10

Errungenschaften der Musikgeschichte von Bach bis zur Romantik, im Verzicht auf den Ausdruck einer inneren Welt, im weitgehenden Verzicht auf ein Netz von musikalischen Beziehungen, auf melodische und formale Entwicklung.

Aber ein solches Bewusstmachen ist ein wichtiger Schritt zur Anerkennung der älteren Bewusstseinsschichten. Friedrich Hölderlin hat in seinem Gedicht »Natur und Kunst oder Saturn und Jupiter« (oder griechisch: Kronos, der Titan, und Zeus) eine solche Anerkennung, an Jupiter/Zeus gerichtet, angemahnt:

> Doch in den Abgrund, sagen die Sänger sich,
> Habst du den heiligen Vater, den eignen, einst verwiesen […]
> Herab denn! oder schäme des Danks dich nicht!
> Und willst du bleiben, diene dem Älteren,
> Und gönn es ihm, dass ihn vor allen
> Göttern und Menschen, der Sänger nenne![353]

Noch einmal: Moderne – gegen die Natur?

Strawinsky komponierte ein naturreligiöses Ritual, in dem es zu einem Menschenopfer kommt. In der Haltung zu einem solchen Opferritual wird jedoch der Gegensatz zu Schönberg deutlich, der ja in »Moses und Aron« ebenfalls ein Menschenopfer auf die Bühne bringt: Strawinsky mit Faszination und Verständnis, weil das Menschenopfer eben

---

353 Friedrich Hölderlin: Gedichte, Stuttgart 1963, S. 78; angesprochen wird Jupiter/Zeus

zum heidnischen Ritual dazugehört, Schönberg mit Abscheu vor dem Rückfall aus der Geistigkeit des *einen* unsichtbaren Gottes in die Bilderverehrung und die naturreligiöse sinnliche Welt. Hier treffen wir auf das Szenarium, das Theodor W. Adorno zum Ausgangspunkt für seine *Philosophie der neuen Musik*[354] machte – ein Buch, das ästhetisches Denken weit über die Musik hinaus beeinflusst hat. Seine beiden Teile sind überschrieben »Schönberg und der Fortschritt« und »Strawinsky und die Restauration«. Adorno inszeniert hier eine Polarität, die der Vielfalt der Musikstile in der ersten Hälfte des 20. Jahrhunderts allerdings nicht gerecht wird – und ergreift Partei; er macht das Buch zu einer Kampfschrift für Schönberg und seine Schule.

Die Gestalt des Moses in Schönbergs Deutung hat auch Pierre Boulez beschäftigt, nun aber gegen Schönberg selbst gewendet: »Immer drängte sich ihm (Boulez) die Gestalt des Moses auf, dessen geschichtliche Sendung gewesen wäre, die Musik in das Gelobte Land zu führen.«[355] Für Boulez heißt das »Gelobte Land«: Serialismus, die Technik, das konstruktive Prinzip der 12-Ton-Musik, die Reihentechnik, nicht nur auf die Tonhöhe, sondern auch auf alle anderen Dimensionen der Musik anzuwenden, auf den Rhythmus, die Lautstärke und sogar die Klangfarbe. Grundlage dieses Denkens ist der isolierte, aus allen Zusammenhängen und Beziehungen herausgelöste einzelne Ton mit seinen physikalischen Eigenschaften Frequenz (Tonhöhe), Tondauer,

---

[354] Theodor W. Adorno: Philosophie der neuen Musik, Gesammelte Schriften Band 12, Frankfurt a. M. 1975
[355] Clytus Gottwald: Neue Musik als spekulative Theologie, Stuttgart 2003, S. 31

Tonstärke und Klangfarbe. Schönberg habe, Boulez zufolge, »das Gesetz zwar gekannt, aber nur halbherzig befolgt, das heißt: die Reihentechnik zwar in die Welt gesetzt, aber es unterlassen, sie konsequent weiter zu denken«.[356]

Schönberg hat den Puls und die Taktmetrik beibehalten, auch Satztechniken und Formen der klassisch-romantischen Tradition – und damit noch einen wesentlichen Teil des Beziehungsnetzes, ja einen wesentlichen Aspekt von »Natur im Kunstwerk« bewahrt: die körperliche Dimension von Takt und Rhythmus und – soweit es unter den Bedingungen der 12-Ton-Technik möglich war – die Energie des musikalischen Flusses und der formalen Entwicklung.

Zentraler Begriff bei Adorno ist der des »musikalischen Materials«. Seine Vorstellung ist die eines Künstlers bzw. Komponisten, der das ihm außen gegenüberstehende Material bearbeitet, ähnlich wie der Mensch die Natur bearbeitet. Reproduziert sich in der Trennung von Komponist und Material die von Mensch und Natur? Doch was ist nun eigentlich das Material? Adorno denkt vor allem an die Ebene der Tonhöhe[357] und abstrahiert dabei von allen Kontexten, von

---

356 Gottwald, S. 31
357 Die Verführung, sich auf die Ebene der Tonhöhen zu beschränken, liegt darin, dass Töne materiell greifbare akustische Daten sind, während Rhythmus sich bereits als nicht materielle Relation von materiell greifbaren akustischen Ereignissen konstituiert. Insofern ist Adornos Konzentration auf Tonhöhen die Konsequenz seines materialistischen Ansatzes. Zwar denkt auch Adorno in historisch vermittelten Relationen wie Konsonanz-Dissonanz oder tonal-atonal (in Abgrenzung von Hindemith), aber eben eingeschränkt auf die Ebene der Tonhöhe, und nicht »Töne in Relationen zu Rhythmus, Satztechnik, Formensprache usw.«.

Rhythmus, Phrasenbildung und Syntax, von Satztechnik und Form. Im Zentrum steht die Frage nach Tonalität und Atonalität und den sich daraus ergebenden geschichtlichen »Tendenzen des Materials«, nach linearer Fortschreibung der Entwicklung einer fortschreitenden Chromatisierung über Richard Wagner bis zur Atonalität. Doch wenn man alle Ebenen der Musik einbezieht, also auch Rhythmik, Satztechnik, Syntax usw., erkennt man: Das »Material« der Komponisten und Komponistinnen sind alle die konkreten Werke, die in ihrem Horizont erscheinen, und zwar in allen Dimensionen. Und dann bemerkt man, dass es viele gleichzeitige und sich durchkreuzende Entwicklungslinien gibt und dass eine einheitliche »Tendenz des Materials« eine Fiktion ist.

Wie bildet sich eine Künstlerpersönlichkeit? Steht sie fertig einem Material gegenüber? Vielmehr bildet sie sich im Umgang mit der Musik, die sie kennt, in sich aufnimmt, weiterentwickelt, hinter sich lässt, an deren kompositionstechnischen Problemen sie sich abarbeitet, von der sie sich zu neuen Lösungen, neuen Wegen inspirieren lässt. In Wahrheit sind Künstler und Material eng miteinander verflochten. Künstler und Künstlerinnen sind nicht von vornherein fertig und greifen auf ein Material zu, sondern sie wachsen am und mit dem »Material«. Die Vorstellung eines Zugriffs auf ein »Material« von außen hat allerdings ihr Modell in der Technik, im Umgang des Menschen mit der Natur.

So spricht Adorno folgerichtig vom »System der Naturbeherrschung in Musik«.[358] »Die bewusste Verfügung übers

---

358 Adorno, S. 65

Naturmaterial ist beides: die Emanzipation des Menschen vom musikalischen Naturzwang und die Unterwerfung der Natur unter menschliche Zwecke.«[359] Dem sollte man entgegenhalten, dass Komponieren in hohem Maße ein aktiv-wacher, dennoch gleichsam passiver Nachvollzug dessen ist, was die Musik in der jeweiligen Phase ihres Entstehens dem Komponisten suggeriert, kein Von-außen-Verfügen, sondern ein Nachhorchen, ein Reagieren auf das, was die jeweilige Situation melodisch und harmonisch fordert, auf das, wohin rhythmische und formale Energien den musikalischen Fluss lenken.[360] Das Anthropozän muss eine »sanfte Technologie« auch in der Kunst der »harten Technologie« des 20. Jahrhunderts gegenüberstellen, dem »Material« gleichsam innen in Verbundenheit folgen statt eines beherrschenden Zugriffs von außen – wie es in der abendländischen Tradition schon vor der Moderne Praxis war.

Dass die »harte Technologie« der 12-Ton-Technik und des Serialismus zu einem der »Dialektik der Aufklärung« vergleichbaren Umschlag führt, hat Adorno klar gesehen: »Das Subjekt gebietet über die Musik durchs rationale System, um selbst dem rationalen System zu erliegen.«[361] Die

---

359 Adorno, S. 66
360 Die chinesische Pianistin Zhu Xiao-Mei schreibt in ihrem Buch Von *Mao zu Bach* (München 2009) über Bachs Goldberg-Variationen: »Es wundert mich, dass ich wesentliche Elemente der chinesischen Kultur in ihnen wiedererkenne; als wäre Bach die Reinkarnation eines großen chinesischen Weisen.« (S. 237) Sie spricht im Hinblick auf Bachs Kompositionsweise auch von der chinesischen Idee eines »Handeln ohne Handeln«. (S. 135)
361 Adorno, S. 68

Rationalität von 12-Ton-Technik und Serialismus als Mittel zur musikalischen Naturbeherrschung schlägt um in Irrationalität, in hörend nicht mehr nachvollziehbare Strukturen. Wie in der *Dialektik der Aufklärung* wird auch in der *Philosophie der neuen Musik* der technische Fortschritt in seiner Ambivalenz problematisiert, aber letztlich als unausweichlich hingenommen. Erst als Boulez und Stockhausen Konsequenzen zogen, die Adorno nicht mittragen konnte, müssen ihm Zweifel an seiner geschichtsphilosophischen Idee des Material-Fortschritts gekommen sein.[362]

Der 12-Ton-Technik voraus ging eine Phase der »freien Atonalität« (etwa 1907–1918), in der zwar alle zwölf Töne zur Verfügung standen, ohne an das konstruktive Prinzip der Reihentechnik gebunden zu sein, die Schönberg ja erst zu Beginn der 1920er-Jahre entwickelte. Zwar fehlen auch hier die Beziehungen zu einem Grundton oder zu einer diatonischen Skala, Dissonanzen müssen nicht mehr aufgelöst werden, und dennoch war die expressionistische Musik der Schönberg-Schule noch weitgehend organisch, noch dem Gehör folgend komponiert und Ausdruck einer inneren Welt. Adorno aber hielt dem Expressionismus vor, »gegen den Aberglauben ans Organische sich nicht radikal genug«[363] verhalten zu haben, und sein ganzer Furor gegen Natur in der Musik tobte sich aus in einer »Glosse über Sibelius«, für den die Natur und die Mythen seiner finnischen Heimat immer

---

[362] Adorno hat seine Kritik an Boulez und Stockhausen formuliert in: Das Altern der neuen Musik, in: Theodor W. Adorno: Dissonanzen, Göttingen, S. 136–159
[363] Adorno, S. 54–55

wieder Inspirationsquelle waren: »Der große Pan, je nach Bedarf auch Blut und Boden, stellt prompt sich ein. Das Triviale gilt fürs Ursprüngliche, das Unartikulierte für den Laut der bewusstlosen Schöpfung.«[364] Adorno war dermaßen auf die Frage »tonal-atonal« fixiert, dass er außerstande war, die Originalität und die Innovationen von Sibelius' Musik zu erkennen, die allerdings auf ganz anderer Ebene liegt, in einem neuartigen Verhältnis von Phrasenbildung bzw. Syntax zur Harmonik. Stattdessen warf er ihm die »Zerstörung aller musikalischen Resultate der Naturbeherrschung« vor, »die sich die Menschheit teuer genug [...] erworben hat«.[365] Teuer genug? Oder zu teuer? Adorno konnte eigentlich nicht blind sein für den Preis der Naturbeherrschung auch in der Musik.

Schönberg, der sich mit seinem Moses identifizierte, hatte mit der 12-Ton-Technik »seine eigenen Gesetzestafeln«[366] enthüllt, und danach wurde geurteilt. Boulez schrieb 1952, »dass jedweder Musiker, der noch nie die Notwendigkeit der dodekaphonen Sprache erlebt hat [...] NUTZLOS ist«.[367] Auch wenn der Serialismus inzwischen Geschichte ist, so wirkt doch die Vorstellung von Musik als Naturbeherrschung, von Kunst als Gegensatz zur Natur weiter, vor allem dadurch, dass neue Technologien wie elektronische Klangerzeugung oder die Verwendung von Computern beim Komponieren gefeiert werden, völlig unabhängig davon, welche künstlerischen Resultate mit diesen Technologien erzielt werden.

---

364 Adorno: Glosse über Sibelius, in: Impromptus, Frankfurt a. M. 1968, S. 90
365 Adorno: Glosse, S. 92
366 Ross, S. 221
367 Zitiert nach Ross, S. 428

Die Parallele der Naturbeherrschung in Musik und Technik legt nahe, dass die ökologische und die künstlerische Krise gemeinsame Wurzeln haben im Verhältnis zur Natur und in der Annahme eines scheinbar autonomen, von der Natur unabhängigen und sie beherrschenden Ichs.

Der Mythos der Befreiung

Die Gestalt des Moses verbindet sich auch mit einer anderen, vielleicht ebenso archetypischen Erzählung: dem Auszug des israelischen Volkes aus der Knechtschaft in Ägypten, dem Exodus, der Befreiung. Archetypisch insofern, als der Exodus das Modell dafür ist, die Geschichte in ein Vorher und Nachher zu teilen, etwas, das beide monotheistischen Religionen, die auf dem Judentum aufbauen, übernommen haben: Die Christen begannen eine neue Zeitrechnung mit der Geburt Jesu, die Muslime mit der Flucht des Propheten von Mekka nach Medina.[368]

So wird auch in Kreisen der Avantgarde ein Bruch in der Entwicklung der Künste angenommen, in der Zeit um 1910, als Schönberg mit der Tonalität brach und Kandinsky die ersten abstrakten Bilder schuf. Seitdem gibt es angeblich eine »Neue Musik«, die anderen Gesetzen folgt als alle bisherige. Dahinter steht ein schlichtes lineares Geschichtsdenken nach

---

368 Wie stark die Exodus-Erzählung zum Archetypus wurde, zeigt auch Christoph Menke (in: Am Tag der Krise, Berlin S. 86), wo er erwähnt, »dass die Exodus-Erzählung in der Neuzeit zum entscheidenden Bezugspunkt, ja zum Modell und Antrieb radikaler Politik geworden ist; […] Von nun an ist alles anders; der Mythos, die Vorgeschichte endet und die Geschichte beginnt.«

dem Modell »von A nach B«, wobei A veraltet ist und nun durch B ersetzt wird. Ein evolutionäres Denken würde die Bedeutung und den Wert der neu gefundenen Sprachen (der »freien Atonalität« bzw. der Arbeit mit abstrakten Formen) anerkennen, aber auf eine Integration drängen, nach dem Modell »von A nach A+B«. Solches evolutionäres, integrierendes Denken hat es gegeben, in der Musik schon früh bei Claude Debussy und Maurice Ravel, die in zwei Richtungen schauten: zur Erweiterung der Sprache durch neue Klänge und zur verwandelnden Einbeziehung älterer Stile von der Gregorianik bis zum Barock. Doch auch Bela Bartok, Karol Szymanowski und viele andere, darunter innerhalb der Schönberg-Schule Alban Berg, suchten nach Möglichkeiten, die neu gefundenen Ausdrucksmittel mit denen der Tradition zu verbinden. Adorno dagegen beharrte auf einem »Kanon des Verbotenen«: »Wenn nicht alles trügt, schließt er heute bereits die Mittel der Tonalität, also die der gesamten traditionellen Musik aus.«[369] Ein »sinnvolles Nebeneinander der Gegensätze«[370] wird nicht geduldet, geschweige denn eine Integration auch nur für denkbar zu halten.

Zugespitzt hat sich die Situation nach 1945. Der »Kanon des Verbotenen« umfasste jetzt alles, was an die Tradition, an jede Art tonaler Musik erinnerte. Luigi Nono, eine der Kultfiguren der musikalischen Avantgarde, beruft sich auch auf den Moses aus Schönbergs Oper. In seiner späten Hörtragödie »Prometeo« (... und wieder begegnen wir hier diesem Rebellen ...) bezieht er sich auf das Geschehen in

---

369 Adorno: Philosophie, S. 40
370 Adorno: Philosophie, S. 15

der Wüste nach dem Auszug aus Ägypten. »In der jüdischen Tradition ist die Wüste Bild für Kargheit, Verzicht, Abstraktion und Wunschlosigkeit«,[371] letztlich für das abstrakt Geistige. Im »Prometeo« wird mit den Worten »und in der Wüste unüberwindlich« Schönbergs Oper zitiert, und damit deren Dichotomie von Geist/Denken gegen Natur/Bild.

Was damals als »Befreiung« gefeiert wurde, war die Befreiung der Töne, der Klänge aus ihren Beziehungen – aus den Beziehungen innermusikalisch und aus den Beziehungen zur Welt außerhalb, im Verzicht auf Bedeutungen, letzten Endes sogar auf jeglichen Ausdruck. Dabei verdankt ein Ton doch seine »Individualität« den Beziehungen, in denen er auftritt – sonst ist er bloß ein bedeutungsloses akustisches Faktum. Die Beziehungen eines Tones können vielfältig sein: in Relation zu einem Grundton, als Teil einer Skala und in seiner Position innerhalb dieser Skala (je nachdem, ob er Grundton, Leitton oder was auch immer ist); in Bezug auf andere Töne kann er als Dissonanz oder Konsonanz auftreten; er kann Teil einer übergeordneten horizontalen Sekundbewegung sein (Hindemiths »Sekundgang«);[372] er kann auf betonter oder unbetonter Zeit stehen, sich zu einem Taktmetrum in Beziehung setzen ... Alle diese Beziehungen werden nach und nach gekappt mit dem Ergebnis einer »Entqualifizierung des Materials« – die man als »Befreiung«

---

371 Dazu: Lydia Jeschke: Prometeo, Geschichtskonzeption in Nonos Hörtragödie, Beihefte zum Archiv für Musikwissenschaft (1997), Band XLII
372 Paul Hindemith: Unterweisung im Tonsatz, Mainz 1937, S. 218

missverstehen kann.³⁷³ Aber nicht nur die Beziehungen des einzelnen Tones gehen verloren, sondern auch alle darüber hinausgehenden, denn Musik kann, je nach Stil und Kompositionstechnik, ein noch reicheres Netz an Beziehungen aufbauen, durch Bezug von in ihrer Schlusskraft abgestuften Phrasenenden, durch die Disposition tonaler Felder, durch Themen, Motive und ihre Variationsmöglichkeiten. All das fällt jetzt unter den »Kanon des Verbotenen«.

Damit soll nun nicht gesagt werden, dass Erweiterungen der musiksprachlichen Mittel nicht möglich und willkommen wären, aber das muss nicht auf dem Weg der Loslösung aus allen Beziehungen geschehen. Eine Dissonanz muss nicht aufgelöst werden, insofern wäre ihre »Emanzipation« tatsächlich ein großer Schritt, doch sie muss bewusst als Dissonanz gesetzt sein – die Genauigkeit der Intervall-Behandlung muss gewahrt bleiben. »Entqualifiziert« ist das Tonmaterial, wenn es keine Bedeutung und keine Folge hat, ob ein Klang dissonant oder konsonant ist. Auch können vertraute Relationen durch andere ersetzt werden; so lassen sich in einer atonalen Sprache chromatische Sekundgänge statt der bisherigen diatonischen zur Strukturierung der Melodik herstellen. Oder im Harmonischen: Der Dur-Akkord auf der 5. Stufe mit kleiner Septime (»Dominantseptakkord«) führt normalerweise zur 1. Stufe. Wenn Debussy ihn aber in

---

373 György Ligeti hat selbstkritisch bemerkt, »dass wir eigentlich hässliche Musik geschrieben haben. Wir, also ich auch, meine Generation. Diese hässliche Musik war eine Folge der Zwölftonmusik, also der totalen Chromatik.« (György Ligeti und Manfred Stahnke: Gespräch am 29. Mai 1993, in: Stahnke [Hrsg.]: Musik – nicht ohne Worte, Hamburg 2000, S. 144)

Parallelführung zur Melodie verwendet (»Mixturklänge«), dann fällt die alte Relation weg, wird aber ersetzt durch die horizontal-melodische der parallel geführten Stimmen.

In dieser Sichtweise wird auch denkbar, ein Tonalität und Atonalität umfassendes gemeinsames Feld herzustellen, also eine Integration nach dem Modell »von A nach A+B«.[374] Beziehungen sind kein zu überwindender »Naturzwang« (Adorno), sondern Qualitäten und Kräfte, mit denen man allerdings auch anders umgehen kann als in der »harmonischen Tonalität« von 1600 bis 1900. Die mythische Überhöhung des Verzichts auf Beziehungen als »Befreiung«, vergleichbar der futuristischen Vision der Befreiung von der Erde, führt auch in der Kunst zur Selbstzerstörung.

Verlust von inneren Beziehungen bedeutet in der Musik eine Entwertung der konkreten Einzelheiten, und damit einen Prozess der Abstraktion. Auf das konkrete Detail kommt es nicht mehr an, es geht nicht mehr um intervallisch genaue melodische und harmonische Entwicklungen, sondern nur noch um die ungefähren Umrisse der Gestalten, um Gesten, und damit leidet die Nachvollziehbarkeit des Fortgangs der Musik: Sie beginnt, »anorganisch« zu werden; zugleich wird sie beliebig, weil ein Ereignis nicht mehr wahrnehmbar mit dem vorausgehenden in Beziehung steht.[375] Als Gegenbegriff

---

374 Dazu: Wolfgang-Andreas Schultz: Das Ineinander der Zeiten. Kompositionstechnische Grundlagen eines evolutionären Musikdenkens, Berlin 2001
375 Abstraktion hat in der Musik und den bildenden Künsten einen unterschiedlichen Stellenwert: In den bildenden Künsten erscheint hinter der Abstraktion oft noch ein ahnbares Konkretes, das es in der Musik nicht gibt.

zu »abstrakt« wird oft »organisch« gewählt, für eine sich in Beziehungen bewegende Kunst, die sich nachvollziehbar entfaltet. Bereits 1908 schrieb Wilhelm Worringer in *Abstraktion und Einfühlung:* »Wie der Einfühlungsdrang als Voraussetzung des ästhetischen Erlebens seine Befriedigung in der Schönheit des Organischen findet, so findet der Abstraktionsdrang seine Schönheit im lebensverneinenden Anorganischen, im Kristallinen [...].«[376] Eine solche Polarität zwischen Empathie und dem Organischen einerseits, zwischen Distanz und dem Anorganischen andererseits, spiegelt die Art, wie das Ich sich verstehen kann: in Verbundenheit mit anderen Menschen und mit der Natur oder in Abgrenzung und Trennung.

Letzte Konsequenz des Verlustes der Bedeutungen wäre ein Bilderverbot, der Zwang zur Abstraktion. Selbst die gleichsam »gegenstandslose« Musik stellt normalerweise Verbindungen her, die über sie selbst hinausweisen, Verbindungen über den Rhythmus und die Energie des musikalischen Flusses eher zum körperlichen, über Melodik und Harmonik eher zum seelischen Miterleben. Insofern ist sie Bild, auch wenn die Flöte keinen Vogel nachahmt und die Trompete nicht zum Kampf ruft. In extremer Schärfe hat ein Theoretiker der musikalischen Avantgarde gefordert, »Gebilde zu erzeugen, die keinem bereits existierenden Phänomen, wo immer es sich befinde, auch nur ähneln. Denn das ist die Aufgabe des Künstlers.«[377] Dabei beruft er

---

[376] Wilhelm Worringer: Abstraktion und Einfühlung, München 1908, S. 36

[377] Heinz-Klaus Metzger: »Kölner Manifest«. Vorabdruck der am 17. Mai 1991 gehaltenen Rede in: nmz, 1991, Nr. 3

sich auf das 2. Buch Mose: »Du sollst dir kein Abbild noch irgendetwas machen, das dem ähnelt, was oben im Himmel oder unten auf der Erde oder im Wasser unter der Erde ist.«[378] Diese Stelle müsste freilich in dem Kontext gelesen werden, dass damals Bilder zu Gegenständen kultischer Verehrung und Anbetung werden konnten – wie das Goldene Kalb. Eine solche Abgrenzung führt in der Avantgarde zu einer radikalen Isolation und Vereinsamung. Beziehungen verbinden, sie greifen immer auf etwas zurück, was schon da ist, sie werden nie aus dem Nichts von einem Einzelnen erfunden, sie leben von der Verbindung mit anderen, mit einer Tradition.

John Cage wollte »die Töne sie selber sein lassen«,[379] sie befreien. Angesichts des damals in der seriellen Musik herrschenden Zugriffs von außen könnte man Sympathie für seine Position entwickeln, aber was sind Töne ohne ihre Beziehungen? Ein sich abgrenzendes, sich aus allen Beziehungen lösendes Ich wird, wie schon Martin Buber[380] es beschrieb, innerlich leer. Das gilt genauso für Töne, und beides hat mit »Befreiung« nichts zu tun. Ein Gefangener ist von seinen Kontakten und Beziehungen abgeschnitten – Befreiung würde für ihn die Freiheit bedeuten, seine Beziehungen leben zu können.

---

378 2. Buch Mose 20, 4
379 Zitiert nach: Richard Kostelanetz: John Cage im Gespräch, Köln 1989, S. 156
380 Buber: Ich und Du, dazu: Wolfgang-Andreas Schultz: Die Heilung des verlorenen Ichs, München 2018, S. 31–65

Der Mythos vom Ursprung

Die Wiedererinnerung älterer Bewusstseinsformen bei der künstlerischen Erforschung des kulturellen Unbewussten wird oft als Suche nach dem Ursprung interpretiert. Dabei erscheint der Ursprung in der Regel als das Wesentliche, zu dem es zurückzufinden gilt. Den Ursprung suchen kann man in der Vergangenheit der eigenen Kultur oder stellvertretend in anderen Kulturen, in denen man die nicht mehr zugängliche eigene Vorgeschichte wiederzuerkennen glaubt, kurz: im »kollektiven Unbewussten«. Viele bildende Künstler haben sich zu Beginn des 20. Jahrhunderts von der Kunst Afrikas und der Südsee inspirieren lassen – man sprach im positiven Sinne vom »modernen Primitivismus«.[381] Strawinsky mit seiner Wiedererinnerung der heidnischen Vergangenheit Russlands war allerdings zu sehr Artist, um eine »Rückkehr zum Ursprung« ernsthaft zu wollen. »Le Sacre du Printemps« balanciert genial zwischen älteren musikalischen Schichten, wie den entwicklungslos kreisenden einfachen diatonischen und pentatonischen melodischen Formeln, und der additiven Rhythmik (unregelmäßige Gruppierungen eines kleinsten Wertes – eine Rhythmik, die älter ist als die Taktmetrik) einerseits und einer komplexen Harmonik andererseits, die oft mehrere tonale Schichten übereinander legt (Bi- oder Polytonalität). Hier wird mit modernsten Mitteln das Bild von etwas sehr Altem entworfen.

---

381 Hannes Böhrunger: Einfach werden, in: Carl Einstein: Negerplastik, Berlin 1992, S. 146

Ambivalent ist das Verhältnis zur Natur in diesem zwischen Archaik und Moderne schillernden Werk: Zum einen zeichnet es durch die elementare rhythmische Kraft und die kunstvoll primitiven Melodien das Bild einer Menschheit vor der Entfaltung von Individualität und innerer Welt, lässt in der Introduktion das Erwachen der Natur Klang werden (»Das Orchester soll die Geburt des Frühlings zum Ausdruck bringen«)[382], zum anderen wirkt es in den unvorhersehbaren Akzenten und in den entwicklungslos gereihten Abschnitten auch eigentümlich unorganisch. Adorno hat nicht unrecht, wenn er schreibt: Strawinskys Kompositionstechnik erlaubt kein »Atmen der Form«.[383]

Gleichwohl war die Verbindung mit den archaischen Wurzeln ein zentrales Thema der Künste im frühen 20. Jahrhundert. Doch kann die Suche nach dem Ursprung auch in die Tiefen der eigenen individuellen Seele führen, in die nicht vom Verstand kontrollierten Emotionen und die unbewussten Schichten. Schönberg hat in seinem Operneinakter »Erwartung« op. 17 das Psychogramm einer Frau komponiert, die nachts im Wald ihren Geliebten sucht und ihn schließlich ermordet findet. Die Musik zeichnet die Gefühle, Erinnerungen, Schocks und Ängste genau nach und verzichtet dabei auf Zusammenhang stiftende Elemente wie Themen und Motive, ein Protokoll der augenblicklichen seelischen Regungen. In solchen traumatisierenden Situationen bricht der Zeithorizont zusammen – die Menschen leben dann nur noch im Augenblick. Mit einer verlorenen Ur-

---

382 Zitiert nach Scherliess, S. 89
383 Adorno: Philosophie, S. 153

sprünglichkeit hat das aber nichts zu tun, denn über einen Zeithorizont zu verfügen ist ein wichtiger Entwicklungsschritt zur Kohärenz der Persönlichkeit. Gleichwohl: Das Werk von Schönberg zeigt die Möglichkeit, extreme Erfahrungen musikalisch zu gestalten.

Beiden Richtungen, der Suche nach dem Ursprung in älteren Schichten der Kultur (im »kollektiven Unbewussten«) und der Suche in den Tiefen der eigenen Seele (im »persönlichen Unbewussten«), eignet ein latent antizivilisatorischer, antikultureller Impuls. Leicht werden da Zivilisation und Kultur nur noch als Instanzen wahrgenommen, die das unverfälschte Ursprüngliche verfälschen und spontane Äußerungen, Affekte und Triebe unterdrücken. Aber »ein sich von alleine entwickelndes Selbst, das aus einer Art Urgrund des eigenen Inneren aufsteigt, ist ein Phantasma. Der Mensch ist aus neurowissenschaftlicher Sicht dafür gemacht, am Du zum Ich zu werden.«[384] Weder die archaischen Schichten des kollektiven Unbewussten noch die Tiefen des persönlichen Unbewussten bilden jenes Eigentliche des Menschen, das vermeintlich von der Gesellschaft unterdrückt wird. Sowohl der Gegensatz von Individuum und Gesellschaft als auch die Annahme einer ursprünglichen Natur, die durch die Gesellschaft entstellt, verbogen oder verfälscht wird, beruhen auf falschen Voraussetzungen. Die Anderen unterdrücken nicht das ursprüngliche Selbst, sondern ermöglichen erst die Entfaltung von Individualität – was natürlich Konflikte nicht ausschließt.

---

384 Joachim Bauer: Wie wir werden, was wir sind, München 2019, S. 36

Ein ganz wichtiger Schritt in der menschlichen Entwicklung ist der zur Fähigkeit, die Perspektiven anderer Menschen, ja anderer Wesen überhaupt, einnehmen zu können. »Die Fähigkeit des Menschen, die Welt immer auch durch die Augen der anderen zu sehen, ist einer der Gründe für seine kreativen Potenziale.[385] [...] Das Kind zum Perspektivwechsel und zur Rücksichtnahme auf andere anzuleiten, bedeutet nicht, ein gegen die Natur des Kindes gerichtetes, sozusagen kontrabiologisches Projekt zu verfolgen.«[386] Die Fähigkeit zum Perspektivwechsel ist das Resultat eines Entwicklungs- und Reifungsprozesses.

Das Menschenbild der Psychoanalyse von Freud hat zum Mythos des Ursprünglichen beigetragen, dazu, in Gesellschaft und Kultur hauptsächlich unterdrückende Instanzen zu sehen und einen von ihnen unbeeinflussten, ursprünglichen Zustand zu verklären. In der Diskussion um zeitgenössische Kunst wird oft unterstellt, Künstler und Künstlerinnen würden am liebsten aus den Tiefen des Unbewussten heraus, eruptiv, vom Verstand unkontrolliert und von kulturellen Normen unbeeinflusst ihre Werke herausschleudern, unter Verachtung aller handwerklicher Schulung. Dieses äußerst fragwürdige Künstlerbild mag mit Auffassungen der Psychoanalyse korrelieren, die allerdings von Ken Wilber vom wissenschaftstheoretischen Ansatz her zu Recht kritisiert werden: »Die Psychoanalyse [...] ist [...] in den reduktionistischen Irrtum verfallen, ganz einfach anzunehmen, dass das, was in der Entwicklung zuerst auftaucht, stets die

---

385 Bauer, S. 41
386 Bauer, S. 49

grundsätzlichste, grundlegendste und ›wirklichste‹ aller vorhandenen Strukturen ist.« Dagegen setzt Wilber: »Da die höheren Modi per definitionem die niederen Modi zusammenfassen müssen, können sie erst nach ihnen in Erscheinung treten.«[387] Vor allem aber ist die Vorstellung eines Ursprünglichen viel zu sehr vom isolierten Einzelnen her gedacht statt von dessen Verflechtung mit anderen aus. Sowohl der Mythos der Befreiung als auch der Mythos vom Ursprung wurzeln in einem essentialistischen Denken, gehen von einem zeitenthobenen Kern, einer Essenz aus und vernachlässigen die Relationen, die Beziehungen zu anderen Menschen, zu anderen Wesen, und die dadurch möglichen Entwicklungen – mit der Folge von Ich-Zentriertheit und Abgrenzung.

Die künstlerische Erforschung und Gestaltung der unbewussten und archaischen Schichten ist eine große Bereicherung und ein wichtiger Schritt in der Selbsterforschung des Menschen im Medium der Künste, aber auch eine Gefahr, wenn sie zu einer einseitigen Identifikation mit diesen Schichten führt. Heilsam wird der Abstieg, wenn es zu einem Wiederaufstieg im Sinne einer Regression im Dienste des Ichs kommt, zu einer Integration der älteren Bewusstseinsformen in die Persönlichkeit.

---

387 Ken Wilber: Das Atman-Projekt. Der Mensch in transpersonaler Sicht, Paderborn 1990, S. 93

Ästhetische Transformation

»Das organische Kunstwerk, das von Menschenhand gefertigt, doch wie Natur zu sein vorgibt, entwirft ein Bild der Versöhnung von Mensch und Natur.«[388] Dieser bemerkenswerte Satz steht in Peter Bürgers *Theorie der Avantgarde* – und über diese schreibt er: »Dem Avantgardisten dagegen ist das Material nur Material; seine Tätigkeit besteht zunächst in nichts anderem als darin, das ›Leben‹ des Materials zu töten, d. h. es aus seinem Funktionszusammenhang herauszureißen, der ihm Bedeutung verleiht.«[389]

Auch wenn hier ein vielleicht etwas zu enger Begriff von Avantgarde zugrunde liegt, sollte diese Gegenüberstellung Anlass genug sein, über eine erneute Aktualität von Kunst nachzudenken, die sich am Ideal des Organischen orientiert, denn die »Versöhnung von Mensch und Natur« ist dringender denn je.

Um dieses Ideal konkreter verstehen zu können, soll wieder die Musik ins Zentrum rücken, die sich nur ausnahmsweise (überwiegend in der Romantik und im Impressionismus) auf Natur thematisch bezieht, aber in der Lage ist, Natur ästhetisch zu transformieren. Von solchen Transformationsprozessen her können dann auch andere Künste daraufhin befragt werden, wie sich nicht im Sujet, sondern in ihrer Darstellungsweise Natur spiegelt.

Dabei sollte man Kunst und Natur nicht als Gegensätze ansehen (sie können, wie im Futurismus, zu Gegensätzen

---

388 Peter Bürger: Theorie der Avantgarde, Frankfurt a. M. 1974, S. 105
389 Bürger, S. 95

gemacht werden), sondern von einem Natur-Kunst-Kontinuum aus denken. Wenn Kunst von Natur erzählt, sie darstellt, erzählt sie immer auch vom Menschen, und wenn sie vom Menschen erzählt, immer auch von Natur und vom Verhältnis des Menschen zur Natur, deren Teil der Mensch ist, ob er sich dessen bewusst wird oder nicht.

Die Obertonreihe ist ein akustisches Naturphänomen, und der Mensch muss sich zu ihr verhalten. Er kann sie ignorieren oder er kann sie als Ausgangspunkt für ein Netz von Tonbeziehungen nutzen. Aber schon die Entscheidung für ein Stimmungs- und für ein Tonsystem ergibt sich nicht von allein und bedeutet einen Kompromiss mit den Erfordernissen melodisch verwendbarer Skalen.

Die Obertonreihe ermöglicht die Unterscheidung von Konsonanz und Dissonanz, je nach der Entfernung vom Grundton, aber die Unterscheidung ist eine Frage der Relation und wird historisch unterschiedlich beantwortet. Das Atmen der Musik durch Spannung und Entspannung in Konsonanz-Dissonanz-Beziehungen war um 1400 ein großer Schritt, um die innere Welt, um seelisches Erleben stärker in Musik zu spiegeln. Doch gibt es Situationen von Erstarrung und Verspannung, und um dafür einen Ausdruck zu finden, müssen Dissonanzen auch unaufgelöst bleiben.

Eine elementare körperlich-vitale Ebene von Musik ist der Rhythmus – sei er als additive Rhythmik organisiert oder als Taktrhythmik, bei der der gleichmäßige, aber unterschiedlich gewichtete Grundschlag als Puls die Folie liefert für das konkrete rhythmische Geschehen, das durch die Spannung zwischen Taktfolie und rhythmischer Gestalt eine große Differenzierung erlaubt. Das Spektrum reicht von einer körperbetonten, gleichsam geerdeten Rhythmik bis zur schwebenden, sensiblen Rhythmik eines seelischen Innenraums. Aber es gibt eben auch Situationen, wo der Mensch den Kontakt zum Körper verliert, sich verspannt, nicht mehr atmen kann – all das ist durch Rhythmen gestaltbar.

Durch den Bezug auf die Naturphänomene Obertonreihe und Puls entstehen Spannungen und Kräfte, entstehen Beziehungen, die genutzt werden können, um das Einzelne Teil eines Ganzen werden zu lassen. Solche Kräfte erlauben eine große Flexibilität; die Musik kann mit ihnen spielen, sie ablenken, kann Erwartungen wecken und durch Spontaneität und Überraschungen täuschen – und sie am Ende doch über viele Umwege erfüllen, kann Lebendigkeit spiegeln … In diesem Sinne spricht man von melodischen, harmonischen, rhythmischen Kräften und bei größeren Formen auch von formalen Kräften. So kann die Musik mit dem Menschen atmen, mit dem Menschen in seiner kreatürlich-seelischen und geistigen Einheit – wer will da entscheiden, wo Natur aufhört und wo Kunst beginnt?

Solche Kräfte wirken auf den verschiedensten Ebenen, und Musik ist nicht »gegen die Natur«, wenn – wie gelegentlich in atonaler Musik – die Kräfte sich nicht durch Bezug auf einen Grundton entfalten, sondern in anderen Dimensionen wie Melodik (etwa im chromatischen Sekundgang) oder in der Rhythmik. Im Extremfall kann sogar aus lediglich rhythmischen, klangfarblichen und satztechnischen Beziehungen ein tragfähiges Netz entstehen, wie etwa in dem fast ohne Töne arbeitenden Schlagzeug-Stück »Ionisation« von Edgar Varèse; oder durch eine durchdachte Dramaturgie von Ton-Clustern in ihrer Bewegung im Tonraum, dem Grad ihrer inneren Strukturiertheit, ihrer Klangfarbe und Intensität, wie in György Ligetis »Atmosphères«.[390] Problematisch wird es erst dann, wenn, wie Bürger es von der Avantgarde generell behauptete, Beziehungen nicht gewollt, geradezu verhindert werden, wenn die Materialien aus allen Kontexten gelöst und von allen Bedeutungen befreit werden.

Durch Beziehungen und im Kunstwerk waltende Kräfte wird die Verbindung von Natur und Kunst hergestellt, über den Menschen in seiner körperlich-seelischen Lebendigkeit. So erscheint Natur transformiert auch in Bildern, auf denen weder Baum noch andere Pflanzen erscheinen, deren Details aber durch spürbare Kräfte aufeinander bezogen sind, ein Ganzes mit inneren Beziehungen bilden und damit Natur transformiert bewahren – transformierte Natur muss nicht naturalistisch sein. Beispiele dafür wären »Die Entführung des Leichnams des hl. Markus« des Manieristen Tintoretto mit ihrer hochdramatischen Szenerie ebenso wie die spielerisch witzigen abstrakten, aber gleichwohl lebendigen Kompositionen von Kandinsky.

In der Ästhetik der Klassik rückte der Gedanke ins Zentrum, dass in einem Kunstwerk der innere Beziehungsreichtum entscheidend ist. »[...] je mehrere solcher Beziehungen eine schöne Sache von ihren einzelnen Teilen zu ihrem Zusammenhange, das ist, zu sich selber, hat, um desto schöner ist sie«, schreibt Karl Philipp Moritz in seiner 1795 erschienenen Schrift *Über die bildende Nachahmung des*

---

[390] Ligeti selber hat zu dem vorausgehenden Orchesterstück »Apparitions« interessante Überlegungen zur formalen Entwicklung angestellt: »Zustände, Ereignisse, Wandlungen«, in: gesammelte Schriften, hrsg. von Monika Lichtenfeld, Band 2, Mainz 2007, S. 170–173.

Schönen.[391] Dabei wird der Begriff der Nachahmung gelöst von der unmittelbaren Abbildung und erweitert zu dem, was man künstlerische Transformation von Natur nennen könnte: »Jedes schöne Ganze aus der Hand des bildenden Künstlers ist daher im Kleinen ein Abdruck des höchsten Schönen im großen Ganzen der Natur.«[392]

In der Malerei ist es die Komposition eines Bildes, in der Literatur sind es Stilmittel wie Bilder, Symbole und Metaphern als Verbindungen zwischen verschiedenen Sphären des Lebens, die eine Welt von Beziehungen schaffen. In den »musikalischen« Aspekten der Dichtung wie Sprachrhythmik, Versformen, Reimklang, Vokalfärbung, innerer Bewegung und Sprachmelodie bilden sich zusätzlich Beziehungen, die über die Bedeutungsebene der Worte hinausgehen – das führt zu dem, was man Sprachmagie nennt. Bei aller artistisch kultivierten Naturferne sind die Gedichte von Baudelaire von einer sprachlichen Suggestivkraft, die die distanzierte Haltung relativiert und Verbindungen zum Leser herstellt. Das gilt vielleicht noch mehr für die Gedichte von Stéphane Mallarmé, der die musikalischen Aspekte der Dichtung so weit trieb, dass er zuletzt ein Gedicht (»Un coup de dés«) als mehrstimmige Partitur schrieb. Sein Ziel war es, die Eindeutigkeit der syntaktischen Beziehungen zu unterlaufen, die Syntax ins Schweben zu bringen, um ein musikähnliches Beziehungsnetz entstehen zu lassen bis hin zur Polyphonie mehrerer Sprachstränge.

---

391 In: Karl Philipp Moritz: Beiträge zur Ästhetik, Mainz 1989, S. 42
392 Moritz, S. 44

Verweigerte Verwandlung

Bedeutungen, Bilder, Symbole, Prozesse der ästhetischen Transformation – all das sind Brücken, Verbindungen zwischen verschiedenen Bereichen des Lebens, die voraussetzen, dass alles mehr ist als nur es selbst, dass nichts in seiner Identität fest eingeschlossen ist. Wie bei jeder Kommunikation werden auch bei der Beschäftigung mit Kunstwerken »nicht nur Nachrichten ›gesendet‹ und ›empfangen‹, sondern Verbindungen geschaffen, gepflegt und erhalten«.[393] All dies lebt in einem Zwischen, ist weder nur dem Subjekt noch nur dem Objekt eigen, sondern übersteigt die Subjekt-Objekt-Trennung in einem gemeinsamen Raum. Heute wird dafür gern der Begriff »Resonanz« verwendet: »Resonanz ist eine emotionale Erfahrung, in der wir uns nicht als von der Welt getrennt erleben, sondern ganz unmittelbar ein wesentlicher Teil davon sind.«[394]

Das sich getrennt wähnende Ich ist eine Illusion, aber eine folgenreiche, weil sie dazu verleitete, das Getrenntsein zur tiefsten Realität zu erklären und in der Zerstörung von Verbindungen eine aufklärerische, avantgardistische Heldentat zu sehen. John Cage verwendete in seinem Bühnenwerk »Europeras 1 & 2« auf jeder Ebene (Musik, Dekoration, Kostüme, Aktionen) durch Zufallsoperationen ausgewählte Materialien vorhandener Opern, womit er »das Prinzip der Zusammenhangslosigkeit« radikalisierte. »Alles ist getrennt,

---

393 Natalie Knapp: Kompass neues Denken, Reinbek 2013, S. 135
394 Knapp, S. 225

überhaupt *alles von allem*«, sagte Cage selber.[395] Ob das bewusst formuliert wurde als Parodie darauf, dass alles mit allem zusammenhängt, wie ja auch der von Cage zu Unrecht in Anspruch genommene Buddhismus es lehrte? Jedenfalls begegnen wir hier einer extremen Zuspitzung des alten Denkens aus dem von Régis Debray angesprochenen Mittelalter der Moderne. Das ist purer Aberglaube, hat die Wissenschaft doch mittlerweile längst gezeigt, wie alles mit allem durch Beziehungen verbunden ist.

Die Idee eines abgegrenzten, in seiner Identität eingeschlossenen Ichs, das zur Verwandlung unfähig ist, hat viele Künste in ihrem Kern angegriffen. Selbst den Schauspielern wird nicht mehr zugestanden, sich in einen anderen Menschen hineinversetzen zu können, sich in ihn zu verwandeln: »Man ersetzt den professionellen Spieler, weil er nicht die Erfahrung von Woyzeck, nicht die nötige Unterschichtserfahrung besitzt, durch Personen, die sie besitzen, aber in diesem Besitztum existenziell gefangen sind und also kaum spielerisch damit umgehen können.«[396] Ins Absurde zugespitzt: Muss der Schauspieler des Woyzeck, um die Rolle glaubhaft zu spielen, eine Frau umgebracht haben?

---

395 Zitiert nach: Erika Fischer-Lichte: Ästhetik des Performativen, Frankfurt a. M. 2004, S. 232
396 »Entfremdung verboten« – Wolfgang Engler im Gespräch mit Frank M. Raddatz, in: Lettre International, Herbst 2016, S. 68. Zu fragen wäre, ob nicht die Neigung vieler Theater- und Opern-Regisseure, mythische und historische Stoffe in die Gegenwart zu verlegen, zu »aktualisieren«, einem Misstrauen der Fähigkeit zur Verwandlung und der Ignoranz dem »kulturellen Unbewussten« gegenüber entspringt.

Dieselbe Problematik verbirgt sich hinter der Entstehung dessen, was »Performance« genannt wird: Anstatt etwas »darzustellen«, geht es darum, es »zu sein«. »Im Gegensatz zum Schauspieler behauptet der Performer gar nicht, ein anderer zu sein.«[397] Der Wiener Aktionskünstler Hermann Nitsch inszeniert nicht, wie Strawinsky und sein Choreograf, die künstlerische Transformation eines Opferrituals, sondern es wird, wie in der »Lammzerreißungsaktion«, tatsächlich ein Lamm geopfert und in Anspielung auf das Christentum an einem Kreuz aufgehängt. Dabei sollen die Zuschauer zu Mitwirkenden werden, um neue Erfahrungen zu machen: »Bei vielen Handlungen konnten [...] Zuschauer mitmachen, wenn sie wollten: Sie begossen sich gegenseitig mit Blut [...], traten barfuß auf Eingeweide und Kot und weideten zusammen das Lamm aus.«[398] Eine Ästhetik des Performativen, so die Theorie, »weist Aufführungen nicht als Sinnbild und Abbild menschlichen Lebens aus, sondern als das menschlichen Leben selber [...]«.[399] Doch können nicht durch Verwandlung und Spiel genauso intensive Erfahrungen vermittelt werden? Zum Glück muss die Tänzerin der Rolle des für das Opfer auserwählten Mädchens nicht sterben, wohl aber das Lamm in Nitschs Aktion. Bei Strawinsky wird ein Opferritual »dargestellt«, um den Zugang zum kulturellen Unbewussten und seinen archaischen Schichten herzustellen, Nitsch gibt vor, ein

---

397 »Philosophisches Theater« – Helmut Schäfer im Gespräch mit Frank M. Raddatz, in: Lettre International, Winter 2020, S. 93
398 Fischer-Lichte, S. 88
399 Fischer-Lichte, S. 360

wirkliches Ritual zu veranstalten – aber in welchem religiösen Rahmen?

Unter dem Schlagwort »Diesseitigkeit« hat auch in die Musik Einzug gehalten, alltägliche akustische Materialien zu verwenden. Von den Vertretern dieser Richtung hört man: »Was mich am meisten interessiert, sind nicht-musikalische Materialien.«[400] »Kein Symbolismus, keine Art von Gegenweltentwurf […].« Interessant sei nur das, »was oberflächlich, […] dinglich da ist. Und davon auszugehen und nicht etwas aus dem Inneren […]«[401] Die Materialien sind nur sie selbst, bedeuten nichts, verweisen nicht über sich hinaus, es bedarf keinerlei Verwandlung.

Die Verwendung von Realien auch in der Musik hat allerdings schon eine längere Vorgeschichte. Ottorino Respighi ließ gegen Ende seiner Tondichtung »Pinien von Rom« (1924) eine römische Nachtigall vom Grammofon zuspielen. Wagner hatte dem Waldvogel in »Siegfried« noch ein Motiv gegeben, das in den Zusammenhang der symphonischen Entwicklung einbezogen werden konnte. Respighis Nachtigall steht außerhalb der musikalischen Struktur – ein erstes Beispiel für »verweigerte Verwandlung«? Etwa zur selben Zeit wurde das »Ready-made« erfunden, in dem Gegenstände des Alltagsgebrauchs durch neue Kontextualisierung zu Kunstwerken erklärt werden. Marcel Duchamp stellte 1917 ein Urinoir ins Museum unter dem Titel »Springbrunnen«.

---

400 Max Marcoll in der Sendung »Diesseitigkeit« von Gisela Nauck, Deutschlandfunk 2008
401 Markus Schüttler in der Sendung von Gisela Nauck

Schon der Futurist Luigi Russolo hatte davon geträumt, Geräusche zu komponieren. Wir »verspüren einen weit größeren Genuss, wenn wir im Geist die Geräusche der Straßenbahn, des Explosionsmotors, der Wagen und der lärmenden Menge kombinieren, als [...] beim [...] Anhören der Eroica oder der Pastorale«.[402] Doch sollen – oder können – Geräusche etwas ausdrücken? Ist das Material mehr als nur Material? Später konnte man dank der Aufnahme- und Bearbeitungstechnik solche Geräusche wirklich kombinieren. Komponisten schwärmen bis heute von der »Erweiterung des Materialbegriffs« durch Geräuschklänge und Elektronik, aber wie »beziehungsfähig« sind solche Klänge? Töne entwickeln vor dem Hintergrund der Obertonreihe eine Beziehung zueinander, wie auch rhythmisch vor der Folie eines Taktes, aber Geräusche? Stehen sie nicht doch nur bedeutungslos nebeneinander? Da stellen sich viele Fragen, gerade an diejenigen, die den Sinn des Komponierens nur noch darin sehen, das »Material« zu erweitern und neue Klänge zu finden.

In bildender Kunst und Musik mit Realien zu arbeiten, die nichts mehr vorstellen sollen, im Theater mit Menschen, die nicht schauspielern, sondern nur sich selber darstellen, die Verweigerung von Verwandlung – all das wird unter dem Begriff »Krise der Repräsentation« zusammengefasst. Der tiefere Grund dieser Krise liegt in der Vorstellung einer festen Identität, eines in seine Identität eingeschlossenen Ichs, das vom Anderen in sich nichts mehr wahrnimmt, sich nicht in einen Anderen verwandeln kann.

---

402 Nach Schmidt-Bergmann, S. 237

In diesem Zusammenhang spielt der Begriff der »Authentizität« eine Rolle. Authentisch aber kann verschiedene Bedeutungen annehmen: Denkt man von einem Ich aus, das sich in klarer, fester und sich abgrenzender Identität konstituiert, dann kann es »authentisch« sein nur in Äußerungen dieser Identität. Ein Ich aber, das sich in Verbundenheit konstituiert, kann »authentisch« auch in seinen Verwandlungen sein, in dem, was Ich auch ist, weil es durchlässiger ist und weniger ausgrenzt und abspaltet. Die Idee einer festen, unwandelbaren Identität bedeutet für alle Künste eine bedrohliche Verarmung.

Eine ähnliche Doppeldeutigkeit finden wir im Zusammenhang mit Kunst beim Begriff der »Autonomie«. Meist wird der Begriff des »autonomen Kunstwerks« in dem Sinne benutzt, dass es keine Bezüge zur Welt mehr enthält und nur sich selbst genügt. Theoretiker, so Juliane Rebentisch, »begreifen die Essenz der Moderne als den Endpunkt eines Prozesses der Reinigung der Kunst von allen heteronomen Ansprüchen, in deren Verlauf schließlich das eigentliche, in diesem Sinne autonome Wesen der Kunst hervortreten soll«. Daher assoziieren sie »diesen Prozess vor allem mit einer Negation des traditionellen Darstellungsauftrags: Er erscheint so vor allem als ein Prozess der Abstraktion.«[403] Auch hier fallen Bild, Bedeutung und ästhetische Transformation einem Autonomie-Ideal zum Opfer, das Kunst aus allen Beziehungen herauslösen, »reinigen« möchte. Eine andere Bedeutung von Autonomie zielt auf die Unabhän-

---

403 Juliane Rebentisch: Theorien der Gegenwartskunst, Hamburg 2013, S. 139

gigkeit der Kunst von Auftraggebern und vom Markt, autonom im Sinne von: »Keiner redet dem Künstler herein und macht ihm Vorgaben.« Das bedeutet aber nicht, dass diese Art autonomer Kunst nicht die Welt außerhalb spiegelt und sich mit ihr durch Beziehungen wie Bilder, Bedeutungen, Transformationsprozesse verbindet. Wieder finden wir hier im Zusammenhang mit dem Begriff der »künstlerischen Autonomie« die zwei Arten, Individualität zu konstituieren: durch Abgrenzung und Ausgrenzung im Rückzug auf sich selbst mit der Folge innerer Leere und als Individualität in Verbundenheit, die durch Verwandlung reicher wird.

Autonome Kunst im ersten Sinne vermag nichts mehr auszudrücken – kann sie den Menschen überhaupt noch etwas bedeuten? In den letzten Jahren erschienen drei Bücher[404] von Menschen, denen gerade die Musik von Johann Sebastian Bach geholfen hat, extrem schwierige Situationen zu bewältigen. In allen Fällen war es Bachs Instrumentalmusik, nicht etwa die Kantaten mit geistlichen und tröstenden Texten. Könnte die Kraft von Musik darin liegen, Leid und Verzweiflung zuzulassen, auszudrücken, in einer Sprache, die klare Strukturen kennt? Auch die

---

404 Zuzana Ruzickova (eine Auschwitz-Überlebende): Lebensfuge. Wie Bachs Musik mir half zu überleben, Berlin 2019, Xiao-Mei Zhu (eine chinesische Pianistin): Von Mao zu Bach. Wie ich die Kulturrevolution überlebte, München 2009, Philippe Lancon (ein schwer verletzt Überlebender des Charlie-Hebdo-Attentats): Der Fetzen, Stuttgart 2019. Oft spielen die Goldberg-Variationen eine wichtige Rolle. Dazu auch: Luise Reddemann: Überlebenskunst, Stuttgart 2006

schmerzlichsten Stücke von Bach sind klar strukturiert, reich an inneren Beziehungen in Melodik, Thematik und Harmonik, lebendig in der Rhythmik und balanciert im formalen, zeitlichen Ablauf. Dieses Ineinander von Ausdruckskraft und klarer Struktur könnte auf den Archetypus des »verwundeten Heilers« verweisen, auf Menschen, denen es gelungen ist, das Leid zu transformieren, ohne es zu verdrängen. Darin könnte eine heilende Kraft von Musik liegen: nicht den Schmerz nur herauszuschreien, sondern das Leid zu verwandeln, zu transformieren und ihm eine Struktur zu geben. Hier liegt die Stärke von ästhetischer Transformation, und das gilt natürlich genauso für Dichtung und Malerei.

Von realer Gegenwart

George Steiner beginnt seinen 1990 auf Deutsch erschienenen Essay *Von realer Gegenwart – Hat unsere Sprache Inhalt?* damit, die These zur Diskussion zu stellen, »dass insbesondere auf dem Gebiet der Ästhetik, also dem der Literatur, der bildenden Künste und musikalischer Form die Erfahrung von Sinn auf die notwendige Möglichkeit dieser ›realen Gegenwart‹ schließen lässt, [...] letztlich auf der Annahme einer Gegenwart Gottes beruhen muss«.[405]

Im Schritt in die Moderne sieht Steiner einen Bruch in der europäischen Kulturgeschichte, bezeichnet durch Nietzsches Rede vom »Tod Gottes« wie auch durch Arthur Rimbauds Ausspruch »Ich ist ein anderer«. »*Je est un autre*

---

405 George Steiner: Von realer Gegenwart, München 1990, S. 13–14

ist eine kompromisslose Negierung der höchsten Tautologie, [...] der Selbstdefinition in Gottes Wort ›Ich bin, der ich bin‹.«[406] Steiner interpretiert Rimbaud in dem Sinne, »dass diese anderen Manifestationen des Selbst nicht irgendeine neutrale oder parallele Andersheit sind, sondern parodistische, nihilistische Antimaterie, die Ordnung und Schöpfung radikal unterwandert«.[407] Das Gottesbild des »Ich bin, der ich bin« und eine feste, abgegrenzte Identität des Menschen scheinen für Steiner zusammenzugehören. Damit sind aber genau die beiden Vorstellungen benannt, die die europäische Kultur in die Krise geführt haben: ein von der Natur getrennter Gott und das sich abgrenzende Ich.

Diese Vorstellungen zu hinterfragen könnte, anders als Steiner glaubte, zu einem Ausweg aus der Krise führen. Man sollte also Steiner hinterfragen, vom Gottesbild und vom Menschenbild her. Gottesbilder haben sich gewandelt, auch in der jüdischen und christlichen Tradition – schon im Judentum bekam Jahwe mit der Sophia einen weiblichen Anteil, der die Selbstidentität des »Ich bin, der ich bin« relativiert haben müsste. Mit Isis und ihrem »Ich bin alles, was ist«, die genau wie Jahwe zwar orientalischen Ursprungs, aber gleichermaßen Teil der abendländischen Geistesgeschichte ist, stellt sich die Frage von Identität und Selbstgleichheit erheblich anders, wenn sich Gott in allem, auch in der Natur manifestiert.

---

406 Steiner, S. 135
407 Steiner, S. 135

In der Geschichte der abendländischen Kultur bedeutete die Infragestellung des Ichs als eines festen, abgegrenzten identischen Kerns oft einen Angriff auf ihre Grundlagen, aber auch hier wissen die wenig wahrgenommenen anderen Traditionen um eine Identität in Verbundenheit, um die Anwesenheit von vielen anderen im eigenen Selbst, das sich bezeichnen würde durch »Ich bin auch andere«.[408]

Entwicklungen, die die Identität des »Ich bin« auflösen, können allerdings in zwei Richtungen verlaufen und gedeutet werden. Die eine Richtung zeigt in die Regression in einen vor-ichhaften Zustand, sei es als pathologisches Phänomen oder als heilende Regression im Dienste des Ichs, als Integrationsprozess vor-ichhafter Ebenen in die Persönlichkeit. Die andere Richtung führt zu einer Höherentwicklung durch die Fähigkeit, auch andere Perspektiven einzunehmen, anderer Menschen und anderer Wesen überhaupt. Das kann so weit gehen wie in der Formulierung des indischen Philosophen Sri Aurobindo: »Je mannigfaltiger die universale Resonanz ist, […] je zahlreicher die verhüllten Persönlichkeiten mental, vital und fein-physisch sind, die sich verbinden, um die neue an die Oberfläche tretende Persönlichkeit zu berei-

---

408 Die Selbstgleichheit wird schon bei Fichte durch die Formel A = A ausgedrückt. Dagegen setzt Toshihiko Izutsu (Philosophie des Zen-Buddhismus, Reinbek 1979, S. 33) die buddhistische Position: »Auf der letzten Stufe ist ›A ist A‹ nur die abgekürzte Form für den Ausdruck ›A ist nicht-A; deswegen ist es A‹.« Der Ethnopsychologe Paul Parin hat es so formuliert: »Das Ich, das bin nicht ich selber, das sind die in mir festgeschriebenen anderen.« (zitiert nach: Philosophie Magazin Nr. 2/2021, S. 85); oder auch: »Werde anders, damit Du Du selbst sein kannst!« (Tonius Timmermann: C. G. Jung, die Musik und die Musiktherapie, Wiesbaden 2020, S. 94)

chern, umso größer und vermögender wird diese Persönlichkeit sein [...].«[409]

Leider ist eine solche, auf eine spirituelle Entwicklung zielende Überschreitung des abgegrenzten Ichs in Europa immer selten gewesen. Stattdessen hat man oft jede Art von Polyzentrik oder Polyperspektivik als Bedrohung von Identität und als Verfallssymptom gelesen. In den Künsten spiegelt sich das etwa im Verhältnis zur Zentralperspektive und zu einer eindeutig tonalen Orientierung der Musik.

Caspar David Friedrichs Bild »Das Kreuz im Gebirge« (der »Tetschener Altar«, entstanden 1807/1808) erhielt eine vernichtende Kritik, die »das Neue und Ungewohnte an dem Gemälde« traf, »es aber nur als Verlust und Desintegration«[410] beurteilte. Die Gesetze der Optik werden ignoriert, insofern ist das Bild nicht an der Natur orientiert, aber Friedrich selbst verteidigte sein Verfahren damit, dass »jeder einzelne Teil das Gepräge des Ganzen«[411] trage, und verweist damit auf den inneren Beziehungsreichtum des Bildes. Die ästhetische Transformation zeigt sich darin, dass eine Einheit der Komposition gelungen ist, »die sich nicht mit den optisch-empirischen Wahrnehmungsdaten in Übereinstim-

---

409 Sri Aurobindo: Der integrale Yoga, Hamburg 1957, S. 51. Aurobindo betont stets die Notwendigkeit von Harmonisierung und Integration. Doch auch in der europäischen Tradition finden sich vergleichbare Formulierungen, bei Goethe und Novalis, dazu: Wolfgang Welsch: Im Fluss, Berlin 2021, S. 128–129. Auch die als »Psychosynthese« bekannten Arbeiten von Roberto Assagioli sollten in diesem Zusammenhang erwähnt werden.
410 Werner Hofmann: Das entzweite Jahrhundert. Kunst zwischen 1750 und 1830, München 1995, S. 14
411 Nach Hofmann, S. 16

mung bringen lässt«.[412] Und keiner hat so wie Runge um 1800 mit seiner Technik der Spiegelung und Kommentierung von Bild und Rahmen die Desintegration »mit einer weiter reichenden Reintegration kompensiert«.[413] »Was das Bild an empirischer Verlässlichkeit […] einbüßt, gewinnt es an ikonischer Aura.«[414]

Die Zentralperspektive, die Sicht vom Individuum aus, war nie die einzige Herangehensweise der bildenden Kunst. Pavel Florenskij spricht im Hinblick auf die Ikonenmalerei vom »Polyzentrismus« bzw. von der »umgekehrten Perspektive«. »Die Linearperspektive auf Darstellungen ist keineswegs eine Eigenschaft der Dinge, wie der vulgäre Naturalismus glaubt, sondern lediglich ein Verfahren symbolischer Ausdruckskraft, eine von vielen symbolischen Stilrichtungen […].«[415]

Der Zentralperspektive würde in der Musik ein klares tonales Zentrum entsprechen. Zugleich mit der »Polyfokalität«[416] in der Malerei entwickelte sich in der Musik der Romantik eine polyzentrische Harmonik, bei der mehrere tonale Zentren wirksam sind und tonale Ebenen sich ineinander verschränken.[417] Diese Entwicklung kann man (denkt man an Wagners Oper »Tristan und Isolde«) bis zum

---

412 Hofmann, S. 16
413 Hofmann, S. 21
414 Hofmann, S. 14
415 Pavel Florenskij: Die umgekehrte Perspektive, München 1989, S. 55
416 Diesen Begriff benutzt Hofmann.
417 Dazu: Wolfgang-Andreas Schultz: Polyzentrik als Problem der Musiktheorie, www.wolfgangandreasschultz.de/Polyzentrik.pdf

Verlust aller tonalen Zentren, bis in die Atonalität weiterdenken, doch darf man nicht übersehen, welch zahlreiche andere Optionen von Polyzentrik bis zur Bitonalität und Polytonalität (Gleichzeitigkeit mehrerer Tonalitäten) das 20. Jahrhundert in dem Bereich hervorgebracht hat, den man gerne als »gemäßigt modern« abwertet, gemessen am Maßstab einer primitiven linearen Fortschrittsgeschichte.[418]

Wenn die einzig denkbare Art der Ich-Konstitution die Idee einer festen, sich abgrenzenden Identität ist und diese sich als Illusion erweist, bleibt nur der »Subjektverlust«, der »Tod des Autors« und was der dekonstruktivistisch-postmodernen Klagen mehr sind. Doch auch ein Ich in Verbundenheit besitzt Kontinuität, Kohärenz und Verantwortungsbewusstsein, weiß sich aber mit anderen Menschen und der Natur verbunden, ist durchlässiger und wandlungsfähiger. Wenn George Steiner den Abgrund, der sich in der Moderne auftut, da sieht, »wo das theologisch und metaphysisch gesetzte Prinzip einer kontinuierlichen Individualität, eines kognitiv kohärenten und ethisch verantwortlichen Ich aufgelöst wird«,[419] kann man ihm recht geben im Hinblick auf Erscheinungen wie Traumatisierungen und pathologische Fälle, nicht aber im Hinblick auf eine Ich-Konstitution in Verbundenheit, deren Möglichkeit er offenbar nicht in Betracht zieht. Das betrifft das Menschenbild, und im Hinblick auf das Gottesbild schreibt Steiner: »Was ich bekräftigen

---

418 Beispiele für einen interessanten und differenzierten Umgang mit Polytonalität finden sich bei Ravel (Violinsonate, Klavierkonzert G-Dur, die Oper »L'enfant et les sortilèges«) und bei Szymanowski (1. Violinkonzert, 3. Symphonie).
419 Steiner, S. 177

möchte, ist die Intuition, dass dort, wo Gottes Gegenwart keine haltbare Voraussetzung mehr ist […], bestimmte Dimensionen des Denkens und des schöpferischen Tuns nicht mehr zugänglich sind.«[420] Das ist eben eine Frage des Gottesbildes, denn man sollte in Betracht ziehen, dass es andere Gottesbilder gibt als das theistische eines außerweltlichen, von seiner Schöpfung getrennten Gottes in seiner Identität des »Ich bin, der ich bin«. Nietzsches »Gott ist tot« trifft nur dieses theistische Gottesbild.

Warum berufen sich so viele im 20. Jahrhundert, von Schönberg bis George Steiner, auf das archaische Gottesbild des Jahwe? Erstaunlich ist, wie wenig der Wandel des Gottesbildes in den außerkirchlichen Traditionen von Mystik und Kosmotheismus Teil des kulturellen Gedächtnisses geworden ist und wie gründlich die Wandlungen des Gottesbildes auch in der jüdischen Philosophie und Mystik ignoriert werden – denn auch sie sind Teil der abendländischen Kultur. Es gibt viele Verbindungen zum jüdischen Denken, etwa in der Alchemie oder bei Jakob Böhme, dessen »Affinität zur Welt der Kabbala nicht mit Unrecht schon seinen älteren Gegnern aufgefallen ist und die in Vergessenheit zu bringen der neueren Böhme-Literatur groteskerweise gelungen ist«.[421]

Die von Schönbergs Moses beschworene Reinheit des Gottesbegriffs wurde in der jüdischen Tradition zwar von Philosophen und Theologen hervorgehoben, um sich von jeglicher mythologischer und anthropomorpher Rede abzu-

---
420 Steiner, S. 299
421 Gershom Scholem: Zur Kabbala und ihrer Symbolik, Frankfurt a. M. 1973, S. 133

grenzen, »führt aber zu einer Entleerung des Gottesbegriffs […] Die Reinheit […] wird mit der Gefährdung der Lebendigkeit erkauft. Der lebendige Gott geht nie im reinen Begriff auf. Das gerade, was ihn dem Gläubigen lebendig macht, ist es, was ihn irgendwo in die menschliche Welt verflicht.«[422] Schönberg hätte diese Argumentation dem Aron in den Mund legen können – aber dann wäre es für Moses' Position wirklich gefährlich geworden.

Als wäre es an George Steiner gerichtet, schrieb Gershom Scholem: »Dieses ›Ich‹ Gottes ist nach den Kabbalisten der theosophischen Schule […] die Schechina, die Gegenwart und Immanenz Gottes in aller Schöpfung.«[423] Wenn das »Ich« des »Ich bin, der ich bin« in diesem Sinne verstanden wird, ist die Natur eingeschlossen, und der Gegensatz zum »Ich bin alles, was ist« hat sich aufgelöst.

So gesehen, geht Steiner von fragwürdigen Annahmen aus: Die Selbstgleichheit des »Ich bin, der ich bin« ist nicht die Voraussetzung großer abendländischer Kunst, wohl aber ein spiritueller Bezug, wie immer er im Einzelfall aussehen mag. Steiner hat zentrale Fragen angesprochen, sie aber neu zu durchdenken von einem anderen Menschen- und Gottesbild aus könnte seinen Pessimismus relativieren, was die Zukunft der Künste betrifft.

---

422 Scholem, S. 119
423 Gershom Scholem: Die jüdische Mystik, Frankfurt a. M. 1980, S. 236

Abendländisches Lied

Alex Ross stellt in *The Rest is Noise,* seinem Buch über die Musik des 20. Jahrhunderts, eine Verbindung her zu Thomas Manns Roman *Doktor Faustus:* »Der Roman stellt im Grunde auf fast 700 Seiten die Frage: Was ist falsch gelaufen?«[424] Anders als bei Goethe gibt es hier keinen metaphysischen Rahmen mehr und keine Perspektive auf Erlösung. Klar wird der Preis benannt, den Faust – hier in Gestalt des Tonsetzers Adrian Leverkühn, der als Erfinder der 12-Ton-Technik auftritt – zu zahlen hat. Der entscheidende Satz des Paktes mit dem Teufel lautet: »Herwiderumb wollen wir dir unterweilen in allem untertänig und gehorsam sein, und dir soll die Hölle frommen, wenn du nur absagst allen, die da leben, allem himmlischen Heer und allen Menschen, denn das muss sein.«[425] Später präzisiert der Teufel: »Dein Leben soll kalt sein – darum darfst du keinen Menschen lieben.«[426] Leverkühn ist eine Künstlergestalt in der Tradition der luziferischen Baumeister und der »schwarzen Romantik«.

Die Trennung von allem Lebendigen, von Gott, der Natur und den Menschen, und – wie bei Alberich in Wagners »Ring« – der Verzicht auf Liebe: Das sind die Insignien des kalten, sich abgrenzenden Ichs, unfähig zu Verbundenheit und Mitgefühl. Diese Trennung, die Illusion des vermeintlich autonomen Ichs, ist die tiefere Ursache für die ökologische und zugleich für die künstlerische Krise.

---

424 Ross, S. 51
425 Thomas Mann: Doktor Faustus, Frankfurt a. M. 1967, S. 249
426 Mann, S. 250

Das kann zu einer neuen Bewertung abendländischer Ideale und Archetypen führen. Man kann sich fragen: Ist der aufrührerische Prometheus noch so eindeutig eine positive Identifikationsfigur? Denkbar wäre, so Frank Raddatz, »ein revidierter Prometheus, der das Menschengeschlecht nicht von den Zwängen der Natur, sondern von seiner artspezifischen Arroganz befreit«.[427]

Tatsächlich beginnt sich vielerorts etwas zu bewegen. Wie schon Wolfram Hogrebe geht es auch Gernot Böhme um »das Potenzial einer anderen Naturbeziehung«, und er findet, »dass bei Paracelsus und insbesondere bei Jakob Böhme die Natursprachenlehre alles andere als bloße Metapher oder Allegorie ist, sondern in einem fundamental anderen, nämlich kommunikativen Naturbegriff ihre Basis hat«.[428] »Es ist keine Tatsachenwelt, sondern eine Welt mit Bedeutung, die uns hier entgegentritt. Wo alles voller Zeichen ist, ist auch alles voller Bedeutungen. Naturwissen in einer solchen Welt konstituiert sich als allgemeine Mantik, als Kunst, Zeichen zu deuten.«[429] Gernot Böhme bezieht sich auf Paracelsus' und Böhmes Signaturenlehre, wenn er schreibt: »Die Signatur ist dasjenige, was zwischen dem Innen und dem Äußeren des Dinges vermittelt.«[430] Denn »Verstehen ist erst dort, [...] wo innerlich etwas mit-

---

427 Frank M. Raddatz: Bühne und Anthropozän, in: Lettre International, Herbst 2018, S. 73
428 Gernot Böhme: Für eine ökologische Naturästhetik, Frankfurt a. M. 1989, S. 122
429 Gernot Böhme, S. 122
430 Gernot Böhme, S. 134

schwingt«.[431] Vielleicht können solche Überlegungen helfen, auch die Alchemie und die sich aus ihr entwickelnde Naturphilosophie als Erbe anzunehmen. In einer Fußnote zitiert Gernot Böhme Paracelsus mit den Worten: »Denn die Natur [...] gibt nichts an den Tag, das auf seine Art vollendet sei, sondern der Mensch muss es vollenden. Diese Vollendung heißt alchemia.«[432]

Könnte sie auch Kunst heißen? Immer noch aktuell ist der Gedanke, dass »die Kunst gleichsam das Instrument der Selbstvollendung des Natürlichen ist«.[433] Könnte in einer Ästhetik, die Natur und Kunst als Kontinuum begreift, solches Vollenden sichtbar werden? Der Maler Alfred Bast (geb. 1948) sagt: »Die Natur ist Ausdruck einer nicht anthropozentrischen Intelligenz, die in Gestalten und Prozessen spricht – sie hält Ausschau nach Augen, die sie sehen.«[434] Und man kann schwerlich die Verbindung von Ökologie und Ästhetik schöner zum Ausdruck bringen als John O'Donohue[435]: »Wenn wir mit Ehrfurcht auf der Erde leben, entscheidet sich die Schönheit, uns zu vertrauen.«[436] Deutet sich hier das Geheimnis einer Erneuerung der abendländischen Kultur an, in einer »zweiten Renaissance«?

Damit soll nun kein bildender Künstler auf Blumenbilder und Landschaften, kein Dichter auf Naturlyrik festgelegt

---

431 Gernot Böhme, S. 130
432 Zitiert nach Gernot Böhme, S. 137
433 Wolfgang Welsch: Im Fluss, Berlin 2021, S. 105
434 Alfred Bast in einem Interview, in: evolve 27/2020, S. 51
435 John O'Donohue, 1956–2008, war ein irischer Philosoph und Dichter.
436 Zitiert nach: Mike Kauschke: Denn das Erhabene berührt, in: evolve 27/2020, S. 67

werden, auch wenn solche Sujets nicht mehr, wie oft in der Moderne, tabuisiert werden dürfen. Vielmehr sollten die Möglichkeiten, durch die künstlerischen Verfahrensweisen Natur zu transformieren, ins Zentrum der ästhetischen Diskussionen rücken. Ein neues organisches Denken wurzelt in natürlichen Prozessen, öffnet sich aber dem ganzen Reichtum menschlichen Erlebens, von Körperlichkeit und Vitalität über die Gefühle, Rationalität bis zur Möglichkeit spiritueller Erfahrungen. Dahinter erscheint dann wieder die »große Kette des Seins«, die Gustav Mahler in seiner 3. Symphonie hat Klang werden lassen.[437]

Es wäre gut, einmal die abendländische Kultur vom Standpunkt anderer Kulturen, von außen zu betrachten und zu fragen, wie viel von dem, was uns da als fremd gegenübertritt, nicht vielleicht auch Teil unserer eigenen vergessenen und ins kulturelle Unbewusste verdrängten Vergangenheit ist. Wenn uns dabei unsere eigene Kultur zum Rätsel wird, könnte das ein erster produktiver Schritt sein.

Von Georg Trakl gibt es ein Gedicht, das den Blick zunächst über die älteren Stufen unserer kulturellen Entwicklung schweifen lässt. Es hat den Titel »Abendländisches Lied«:[438]

---

[437] Die Sätze tragen die Überschriften: »Pan erwacht« (die elementaren Naturkräfte regen sich), »Was mir die Blumen auf der Wiese erzählen«, »Was mir die Tiere im Walde erzählen«, »Was mir der Mensch erzählt«, »Was mir die Engel erzählen«, und »Was mir die Liebe erzählt« (als die göttliche Ebene). Das entspricht der großen Kette, wie sie z.B. von Pico della Mirandola dargestellt wurde.
[438] Georg Trakl: Dichtungen und Briefe, Salzburg 1969, S. 65–66

> O der Seele nächtlicher Flügelschlag:
> Hirten gingen wir einst an dämmernden Wäldern hin,
> [...]
> Blut blühend am Opferstein
> [...]
> O, ihr Kreuzzüge und glühenden Martern
> Des Fleisches, Fallen purpurner Früchte
> Im Abendgarten, wo vor Zeiten die frommen Jünger gegangen,
> [...]
> O, ihr Jagden und Schlösser; Ruh des Abends
> Da in seiner Kammer der Mensch Gerechtes sann,
> In stummem Gebet um Gottes lebendiges Haupt rang.
>
> O, die bittere Stunde des Untergangs,
> Da wir ein steinernes Antlitz in schwarzen Wassern beschaun.

Nach dem intensiven Bild vom »steinernen Antlitz« über »schwarzen Wassern« in Anspielung auf den ins Dunkle gewendeten Mythos vom Narziss, der sich in sein Spiegelbild im Wasser verliebt hatte, jetzt aber in seiner Ichbezogenheit versteinert erscheint, hellt sich das Gedicht auf:

> Aber strahlend heben die silbernen Lider die
> Liebenden [...]

Liebe und im weitesten Sinne Verbundenheit prägen die Vision, die im »süßen Gesang der Auferstandenen« ausklingt. Das Gedicht entstand 1913, kurz vor dem Ersten Weltkrieg, in dunkler Vorahnung und in Hoffnung auf eine Erneuerung. Doch haben die beiden Weltkriege die Tendenz, das Ich in Abgrenzung zu denken (im Versuch, durch Verhärtung, Kälte und Panzerung vor den traumatischen Erfahrungen zu schützen), zunächst dramatisch verstärkt und dadurch das Bild der Moderne entscheidend mitgeprägt.[439] Jetzt, einige Generationen nach dem Zweiten Weltkrieg, werden die Auswirkungen der Kriegstraumata schwächer, und so ist ein Neuanfang vorstellbar.

Viel ist an Neuem, »Nicht-mehr-Modernem« im Werden, und möglicherweise bedarf es eines Begriffs, um wahrgenommen zu werden. Der Begriff »modern« ist ja längst mit bestimmten ästhetischen Vorstellungen des 20. Jahrhunderts verknüpft – aus dem eigentlich relationalen Begriff »modern« (in Relation zum jeweils Vorausgehenden) ist die Bezeichnung für eine Epoche geworden, die, wenn nicht alles täuscht, als »die Moderne« abgeschlossen hinter uns liegt.

Der Begriff »postmodern« ist inhaltlich noch zu sehr gebunden an eine Kunst, die zwar auf traditionelle Formen und Ausdrucksweisen zurückgreift, aber in der Regel ironisch gebrochen und so, dass die Brüche und das Fragmentarische hervorgehoben und kultiviert werden, also in keiner Weise organisch wirken. Für eine Kunst, die von einem neuen Verhältnis von Mensch und Natur ausgeht, könnte »zweite Renaissance« ein wenn auch nur vorläufiger, aber doch passender Begriff werden.

---

439 Dazu: Wolfgang-Andreas Schultz: Avantgarde und Trauma – Die Musik des 20. Jahrhunderts und die Erfahrungen der Weltkriege, in: Schultz: Avantgarde. Trauma. Spiritualität – Vorstudien zu einer neuen Musikästhetik, Mainz 2014

NACHWORT

Nun hoffe ich, es ist mir gelungen, einen Beitrag zur Archäologie der Moderne zu leisten und den Grundstein für eine ökologisch inspirierte Ästhetik zu legen mit einem Narrativ, das Perspektiven für die Zukunft öffnet. Meine Hoffnung ist, den pessimistischen Erzählungen etwas entgegensetzen zu können: dem Buch von Alex Ross *The Rest is Noise* über die Musik des 20. Jahrhunderts mit der Frage: »Was ist falsch gelaufen?«; George Steiner und seinem Essay *Von realer Gegenwart* mit dem skeptischen Blick in die Zukunft der europäischen Kunst und mit der Frage nach den metaphysischen Voraussetzungen abendländischer Kunst; der Europa-Müdigkeit von Michel Houellebecq und der Traurigkeit der einsamen, isolierten Helden seiner Romane; und der pessimistische Kulturkritik von Botho Strauß, die er seit seinem Essay *Anschwellender Bocksgesang* immer wieder vorgetragen hat.

Die praktischen Antworten müssen die Künstler mit ihrer Kunst geben. Das Buch wagt ja keine Voraussagen, möchte aber den Boden bereiten für neue Entwicklungen. Doch die Frage der Ich-Konstitution und das Verhältnis von Gott, Mensch und Natur neu zu denken, das könnte tatsächlich Perspektiven öffnen auf eine zweite Renaissance der europäischen Kultur.

Wolfgang-Andreas Schultz, im Dezember 2021

PERSONENREGISTER

A
Adorno, Theodor W. 105, 136, 137, 138, 139, 140, 141, 150
Agrippa von Nettesheim 63
Albertus Magnus 48
Alopen 40
Amenophis IV. 28
Anagarika Govinda 117
Angelus Silesius 92
Aristoteles 48
Assmann, Jan 33, 35, 67, 122
Augustinus 39, 40, 48, 70
Aung San Suu Kyi 116

B
Bach, Johann Sebastian 165
Bartok, Bela 143
Bast, Alfred 176
Baudelaire, Charles 105, 110
Beethoven, Ludwig van 67
Berg, Alban 143
Berlioz, Hector 126
Böhme, Gernot 175, 176

Böhme, Jakob 53, 54, 64, 65, 117, 129, 172, 175
Bonifatius 46
Boulez, Pierre 136, 137, 140
Bruno, Giordano 53, 54, 55
Buber, Martin 93, 148
Bürger, Peter 154
Byron, George Gordon 109, 113

C
Cage, John 148, 159, 160
Cassirer, Ernst 21, 33
Castro, Viveiros de 78
Chardin, Teilhard de 84

D
Debray, Régis 13, 98, 102, 160
Debussy, Claude 143
Dionysius Areopagita 44, 49
Duchamp, Marcel 162
Dürr, Hans-Peter 89

E
Echnaton siehe Amenophis IV.
Elias, Norbert 13, 14, 72
Eschmann, Ernst Wilhelm 126

F
Fichte, Johann Gottlieb 111
Ficino, Marsilio 18, 51
Flaubert, Gustave 114
Florenskij, Pavel 170
Freud, Sigmund 73, 152
Friedrich, Caspar David 169

G
Galilei, Galileo 54, 55, 56
Gebser, Jan 16, 19, 76, 77, 88
Gichtel, Johann Georg 81
Goethe, Johann Wolfgang von 66, 67, 121, 125, 126, 174
Gorodezki, Sergei Mitrofanovic 133, 134
Gurjewitsch, Aaron J. 69
Guth, Klaus 115

H
Hegel, Georg Wilhelm Friedrich 25, 26
Hermes Trismegistos 32, 51, 52, 80
Hesiod 25
Hoffmann, E. T. A. 127, 128, 129
Hogrebe, Wolfram 86, 175

Hölderlin, Friedrich 67, 86, 87, 111, 135
Homer 24, 26
Honorius 40
Houellebecq, Michel 110, 180
Humboldt, Alexander von 60
Huysmans, Joris-Karl 104, 110, 115

I
Isaak von Ninive 40

J
Jacobi, Friedrich Heinrich 66, 86, 111
Johannes Scotus Eriugena 44, 49, 50
Johannes vom Kreuz 37
Johannes von Dalyatha 39
Jullien, François 81
Jung, Carl Gustav 42, 65

K
Kandinsky, Wassily 142
Kirchhoff, Jochen 96
Klopstock, Friedrich Gottlieb 124, 125
Kosack, Godula 16, 19, 58, 86

L
Le Corbusier 107
Lessing, Gotthold Ephraim 66, 75
Ligety, Györgi 156
Luther, Martin 84

M
MacDonald, George 117
Machado, Antonio 81
MacPherson, James 123
Mahler, Gustav 125
Malewitsch, Kasimir 107
Mallarmé, Stéphane 113, 158
Mann, Thomas 174
Marinetti, Filippo Tommaso 105
Meister Eckhart 44, 91
Milton, John 109, 125
Moritz, Karl Philipp 75, 157
Mozart, Wolfgang Amadeus 67

N
Nerval, Gérard de 103
Nikolaus von Kues 44, 53, 59, 63, 90
Nitsch, Hermann 161
Nono, Luigi 143
Novalis 67, 68, 87, 92, 95

O
O'Donohue, John 176
Ossian 123
Ovid 118

P
Pelagius 40
Petrus Abaelardus 71
Pico della Mirandola 51, 52, 74, 121
Piranesi, Giambattista 104

Platon 34
Plotin 34, 51

R
Raddatz, Frank 175
Ravel, Maurice 143
Rebentisch, Juliane 164
Respighi, Ottorino 162
Rimbaud, Arthur 166
Rimski-Korsakow, Nikolai 133
Ross, Alex 174, 180
Runge, Philipp Otto 129, 130
Russolo, Luigi 163

S
Sarr, Felwine 93
Schelling, Friedrich Wilhelm Joseph 96, 111
Schiller, Friedrich 67
Schleiermacher, Friedrich 92, 93
Schmidt-Bergmann, Hansgeorg 106
Scholem, Gershom 173
Schönberg, Arnold 99, 101, 102, 136, 137, 141, 142, 143, 144, 150, 151, 172, 173
Schubert, Franz 123
Schumann, Robert 109
Sheldrake, Rupert 56, 57, 89, 90, 91
Skrjabin, Alexander 111, 112, 113
Sonntag, Michael 73
Spence, Janet 73

Spengler, Oswald 126
Spinoza, Baruch de 66, 67, 68
Sri Aurobindo 78, 168
Steiner, Georg 166, 167, 171, 172, 180
Stockhausen, Karlheinz 140
Strauß, Botho 180
Strauss, Richard 114
Strawinsky, Igor 133, 134, 135, 136, 149, 150, 161
Strobel, Heinrich 99
Szymanowski, Karol 143

T
Tabachnik, Michel 98
Thomas von Aquin 48
Thomson, Evan 14
Tintoretto 157
Trakl, Georg 177

U
Ulrich, Bernd 7

V
Valéry, Paul 114
Varela, Francisco 14
Varèse, Edgar 156
Vorländer, Karl 53

W
Wachter, Johann Georg 68
Wagner, Richard 130, 131, 132, 138, 162, 170, 174
Weyer, Johann 58
Wilber, Ken 76, 77, 78, 88, 116, 152, 153
Wilde, Oscar 114